Electronic Trading
& Blockchain

电子交易和区块链

过去、现在和未来
Yesterday, Today and Tomorrow

[美] 理查德·桑德尔（Richard L.Sandor）著
[澳] 邹均 邹咏森（Skyler Zou）译

机械工业出版社
CHINA MACHINE PRESS

本书详细描述了作者如何在1969年，当时还是在一个计算机技术刚起步，个人计算机都还没有出现的时代就设计了基于计算机的自动化交易的完整方案。但由于观念过于超前而没有得到采用。20多年后，一个和作者的设计非常类似的方案获得了专利，然后很多开始采用电子交易的交易所不得不给专利方缴纳上千万美元的诉讼和解费。作者通过这一故事，以亲身经历者的视角给读者展示了金融交易行业的过去和现在，同时针对新出现的区块链技术，给读者展现了未来金融交易行业在区块链技术驱动下的变革前景，使读者深刻体会到现代金融行业和信息技术已密不可分，金融行业发展的永恒动力在于不断将科技和业务进行有机结合的创新。

Copyright © 2018 by World Scientific Publishing Co. Pte. Ltd.
All rights reserved.

This Book, or parts there of, may not be reproduced in any means, electronic or mechanical, including photocopying, recording or any information storage and retrieval system now known or to be invented, without written permission from the Publisher. Simplified Chinese translation arranged with World Scientific Publishing Co. Pte. Ltd., Singapore.

本书中文简体字版由机械工业出版社出版，未经出版者书面允许，本书的任何部分不得以任何方式复制或抄袭。

版权所有，翻印必究。
北京市版权局著作权合同登记　图字：01-2018-7084号。

图书在版编目（CIP）数据

电子交易和区块链：过去、现在和未来 /（美）理查德·桑德尔（Richard L.Sandor）著；（澳）邹均，（澳）邹咏森译. —北京：机械工业出版社，2019.9

书名原文：Electronic Trading & Blockchain: Yesterday, Today and Tomorrow

ISBN 978-7-111-63636-6

Ⅰ.①电… Ⅱ.①理…②邹…③邹… Ⅲ.①电子商务–支付方式–研究 Ⅳ.①F713.361.3

中国版本图书馆 CIP 数据核字（2019）第 262799 号

机械工业出版社（北京市百万庄大街22号　邮政编码100037）
策划编辑：刘星宁　责任编辑：刘星宁
责任校对：梁　倩　封面设计：马精明
责任印制：张　博
三河市宏达印刷有限公司印刷
2020年4月第1版第1次印刷
148mm×210mm · 8.25印张 · 173千字
标准书号：ISBN 978-7-111-63636-6
定价：59.00元

电话服务　　　　　　网络服务
客服电话：010-88361066　机 工 官 网：www.cmpbook.com
　　　　　010-88379833　机 工 官 博：weibo.com/cmp1952
　　　　　010-68326294　金 书 网：www.golden-book.com
封底无防伪标均为盗版　机工教育服务网：www.cmpedu.com

谨将此书献给我的妻子 Ellen Sandor，感谢她的奉献、灵感和支持，更钦佩她既能保持她作为艺术家的职业生涯，又能兼顾一个妻子和母亲的职责。

书 评

"桑德尔博士是金融市场革命的真正思想领袖和创新者。以他独特的地位，他将金融创新的历史与区块链的发展联系起来。通过 Blythe Masters、Don Tapscott 和 Don Wilson 的重大贡献，他自己的洞见得到进一步提升。如果你想了解区块链，请阅读本书。"

——William J. Brodsky
Cedar Street 资产管理公司董事长、
芝加哥期权交易所控股公司前董事长兼首席执行官、
世界交易所联合会前主席、
芝加哥商品交易所前任总裁兼首席执行官

"理查德·桑德尔在电子交易方面的第一手经验和他在金融以及在他的优秀贡献者团队所讨论的环境中对区块链技术的应用，应该引起中国发明家和学生的极大兴趣。桑德尔博士对市场力量和人类发明能力的信念真是令人鼓舞。"

——陈若英（Ruoying Chen）
北京大学法学院院长助理、副教授

电子交易和区块链 过去、现在和未来

"理查德·桑德尔是交易行业的主要预言家之一。他早期的许多见解帮助改变了衍生品业务并建立了当今的规范。他的新书展示了我们从场内交易到区块链等新金融技术的技术革命。凭借其引人注目的目击者视角,理查德生动地捕捉到了继续推动这一充满活力的行业向前发展的创新精神。"

——Terrence A. Duffy
芝加哥商业交易所集团董事长兼首席执行官

"理查德·桑德尔所写的这本书引人入胜地揭示了金融市场真实运作情况的演变以及提供了对未来即将发生的变化的有价值的猜想。阅读它将为您打开一扇门,可以窥见曾经亲历一些变化的先行者的观点,并为如何在不断变化的环境中明智地与金融市场监管打交道提供了宝贵的思想食粮。"

——Lars Peter Hansen
芝加哥大学经济学、统计学和布斯商学院大卫·洛克菲勒杰出贡献教授
2013年诺贝尔经济学奖得主

"这本书需要写出来。而如果我要花钱买的话,它必须由理查德·桑德尔来编写。当他第一次提到他正在写作这本书时,我只能想:'由他来写是最恰当不过了。'现在我将用它来在我的课堂上讲授我的区块链课程。"

——Richard Lyons
加州大学伯克利分校哈斯商学院院长、教授

书 评

"经济学家标准地假设存在金融市场。但是这个假设忽略了更深层次、更困难的问题,即何时、为什么以及市场如何存在,以及如何提高它们的效率。这些由开发新金融市场的领导者撰写的精彩文章集合解决了这些至关重要的问题。通过回顾过去(例如第一次全电子交易)和未来(例如区块链),这本书揭示了人类的创造力、人们的关系和他们纯粹的艰苦工作如何把金融市场变成现实。这些都是重要的、有启发性的、鼓舞人心的课程。本书的读者再也不会满足于假设金融市场的存在。"

——Thomas J. Miles
芝加哥大学法学院院长和 Clifton R. Musser 法学与经济学教授

"理查德·桑德尔是金融服务行业的领先创新者。凭借其卓越的智慧、企业家精神和与他人合作的能力,理查德通过技术和市场的力量解决了现实世界的挑战。理查德有将新想法变为现实的记录。"

——Michael O'Grady
北方信托集团首席执行官

"从金融期货到区块链,理查德·桑德尔在创新方面均处于第一的地位,在通俗易懂的解释方面也处于第一的地位,并且他在各地的金融专业人士的心目中也是处在第一位。他最新的一本关于区块链的书虽然是理查德迈出的一小步,但却是金融知识的一次巨大飞跃。"

——Timothy J. O'Neill
高盛公司合伙人

电子交易和区块链 过去、现在和未来

"当人们想到如何最好地描述理查德·桑德尔时——会想到有远见、创新者、企业家和商业等词汇。从他早期在与我们建立关系之前的金融衍生品时代，到他和我们一起合作时对气候（相关的金融衍生品）的兴趣，以及对水、银行贷款和其他方面的合作——可看出理查德拥有罕见的技能，可以看到市场需求，并提出创新的解决方案，更重要的是，他知道如何商业化这些想法。如果理查德有一个新的想法——那你总是值得听他说说这个想法，毫无疑问他也会针对他的想法做一些事情去付之行动。也许我应该把他之所以获得如此令人难以置信的成功的原因和他的为人以及他独特的理查德方式联系起来——理查德是一个始终坚持不懈、永远乐观和鼓舞人心、永远真实的人，也永远是一个带着微笑欢迎你的好朋友。"

——Richie Prager
贝莱德集团高级常务董事

"当我在20世纪80年代后期进入衍生品世界时，我被告知理查德·桑德尔是金融期货之父。这本由我们行业中一些非常优秀的人创作的引人入胜的图书，正是佐证他是电子交易之父的非常有说服力的案例。"

——Andreas Preuss
德国交易所副首席执行官
欧洲期货交易所前首席执行官

书 评

"理查德·桑德尔彻底改变了我们对这个国家金融市场的看法。除了作为一个有智慧的远见者,他践行了他的想法并改变了我们开展业务的方式。本书为我们提供了有助于塑造未来的重要观点。"

——Michael H. Schill
俄勒冈大学法学院院长、教授

"我有幸在35年前的早期职业生涯中为桑德尔博士工作。当时我是一个相当初级的员工,而他已经是一个传奇。这真的是一种在他领导下有灵感的工作,当然他也彻底扩展了我的视野、界限和事业。他不仅具有沟通技巧和同情心,还具有思想、创新、原创性、魅力和能量。那些年我比之前20年学到的东西更多。他确实是现代 Isambard Kingdom Brunel ⊖。他在本书中集结了众多知名专家,以指导我们了解区块链对现代金融和环境的影响。"

——Michael Spencer
NEX plc 公司首席执行官

"桑德尔博士一直处于开发广泛接受的风险管理解决方案的最前沿。作为20世纪60年代的一名年轻学者,他在早期计算机时代数字化市场的发展曲线上早已遥遥领先于同行。他在世界范围内以开创许多最受依赖的金融工具和技巧来改变价格风险而闻名,

---

⊖ Isambard Kingdom Brunel(1806—1859)是一名英国工程师,英国皇家学会会员。他的贡献在于主持修建了大西方铁路、系列蒸汽轮船和众多的重要桥梁。

电子交易和区块链 过去、现在和未来

他赢得了全球的认可,并被誉为"金融期货之父"。最近,他成功地展示了精心设计的市场可以解决食物和水的短缺问题,并鼓励对清洁空气的投资。他不会休息,因为他将继续用区块链技术开拓新的市场解决方案。每当桑德尔博士分享他对某个主题的观点时,业界都会洗耳恭听。"

——Jeffrey C. Sprecher
美国洲际交易所(ICE)主席兼首席执行官兼纽约证券交易所 ICE 派驻主席

"理查德·桑德尔博士出版了一本非凡而独特的书。仔细阅读本书会使我们了解电子交易初期需要克服的问题,以及现代融合了区块链的电子交易市场设计。对于那些渴望撰写加密货币白皮书或开发新的电子交易系统的人来说,本书不可或缺。"

——Murray Stahl
Horizon Kinetics LLC 董事长

"理查德·桑德尔以创造市场、技术和交流为生。他经历了构建新的金融产品以解决现实问题所带来的让人热血沸腾的感受以及挑战。我个人看到桑德尔博士为开发环境金融产品所做的工作,这些产品改变了世界对碳和其他排放价值的看法。本书讲述了当前区块链革命与之前的交易和技术创新之间的联系。我推荐这本书给任何想要及时回到金融创新的激动人心和充满挑战的早期阶段的人,以及想要了解区块链如何改变现在和未来交易的人。"

——Brian X. Tierney
美国电力公司执行副总裁兼首席财务官

书 评

"从他在20世纪60年代开始,到随后几十年在初期电子交易发展中作为新兴市场、技术和交易所所扮演的先驱角色来看,理查德·桑德尔一直是一位领先的金融创新者。他独特的经历使他最有资格撰写这样一本备受推荐的书籍,本书既提供了对金融创新发展的迷人和相关的回顾,也提供了专家对区块链技术将如何影响未来金融、交易和交易所的观点。"

——Edward T. Tilly
芝加哥期权交易所董事长兼首席执行官

"终于见到!这本权威书既考察了区块链的重要的机制——它具有革新世界资金如何交易的威力——并解释了加密货币的外围狂热。作者是一位经验丰富、杰出的经济学家,也是成功和创新市场的大师。没有比这本书更好的指南了。"

——Sir Brian Williamson
大英帝国司令勋章(CBE)获得者
伦敦国际金融期货和期权交易所(LIFFE)前主席

"作为一个自谦的市场学生,理查德·桑德尔从来就不会讲述一个沉重的历史课程,但他巧妙地编织了一个令人信服的叙述,以他的优雅而自谦的天才思想、分析、洞察力和远见,将我们带入了金融的未来。他的洞见,加上他的优雅而又有影响力的思想家朋友组合是一个值得珍惜的宝藏。他个人在区块链的金融洞见使他已经建立了涵盖在这项新技术领域中的最佳思想家们的思想的宝库。"

Patrick L. Young
《资本市场革命!》(Capital Market Revolution!)作者

推荐序

复旦大学经济学院院长　张军

桑德尔博士是金融市场传奇人物，被称为金融期货之父和国际碳交易之父。他于20世纪70年代在利率期货方面的创新和21世纪初在国际碳交易（芝加哥气候交易所）等领域做出的贡献，对国际金融市场产生了深远的影响。

桑德尔博士同中国的交往历史已久。他曾受中国证监会和中国金融期货交易所的邀请，对中国国债期货市场的发展，提供了意见和建议。他在天津排放权交易所的创建过程中发挥了核心作用，该交易所是中国首批从事碳交易的地方试点平台。

我们密切关注桑德尔博士的著作和他在交易所的实践。他的努力，对中国理解金融期货和碳排放市场做出了贡献。这两个创新市场对于中国未来的经济和社会福祉，具有重要意义。

他最新的著作《电子交易和区块链：过去、现在和未来》讲述了20世纪60年代电子交易在美国加州大学伯克利分校诞生的故事。这项创新无论是在理念上还是技术上都远远超越了那个时代。直到20年之后，电子交易才得到了更广泛的采纳和认可。最终，它成为了全球金融市场最主要的交易方式。

电子交易和区块链 过去、现在和未来

桑德尔博士在他的导师罗纳德·科斯教授的启发和鼓励下，执笔撰写了很多关于金融创新方面的文章。很多人，包括有的经济学家，认为新的市场从天而降。事实上，新的市场需要许多年的培育；学者往往低估所需的时间。市场不会一下子冒出来。新市场需要精心呵护；人们需要花费很大的精力，搭建包括法律和会计制度等在内的基础设施。学者们首先要有清醒的认识，再由他们培养出运行市场所需的人力资源。要同市场监管者沟通，使他们更好拿捏监管的尺度。

桑德尔博士在新书中对比了电子交易和区块链的发展轨迹。根据他的经验，电子交易（还有其他他本人经历的创新）需要20年的成熟期。当下，区块链的发展，也不会例外。本书中各个章节，由他邀请的金融、交易和环境领域世界一流的专家撰写。哲学章节则系统探讨了新技术在这些领域里带来的影响。

对中国来讲，这本新书重要而且及时。我国统一碳市场交易即将开始运行，这是用市场的手段，应对环境问题。区块链技术在碳排放权的分配、会计、审计、追踪等方面的应用，有助于中国全国碳市场的成功。最终的结果是更清洁的空气和水，以及绿色的经济增长。区块链技术的应用前景是广阔和令人期待的。本书探索了区块链技术如何强化金融市场和环境的融合；我们认为这个探索，将会产生深远影响。

译者序

1. 本书简介

本书详细描述了作者如何在 1969 年，当时还是在一个计算机技术刚起步，个人计算机都还没有出现的时代就设计了基于计算机的自动化交易的完整方案。但由于观念过于超前而没有得到采用。20 多年后，一个和作者的设计非常类似的方案获得了专利，然后很多开始采用电子交易的交易所不得不给专利方缴纳上千万美元的诉讼和解费。作者通过这一故事，以亲身经历者的视角给读者展示了金融交易行业的过去和现在，同时针对新出现的区块链技术，给读者展现了未来金融交易行业在区块链技术驱动下的变革前景，使读者深刻体会到现代金融行业和信息技术已密不可分，金融行业发展的永恒动力在于不断将科技和业务进行有机结合的创新。

本书有三个鲜明的特点：一是本书的作者及贡献者都是国际金融行业里久负盛名的翘楚，他们包括本书的主要作者，在金融学术界享有"金融衍生品之父"盛誉的理查德·桑德尔教授；也有在金融交易行业成功创业、经验丰富的企业家 Don Wilson 先生；

还有号称"大规模金融杀伤武器"[指的是造成2008年全球金融危机的信用违约掉期（CDS）产品]的发明人Blythe Masters女士；更有在技术对社会变革影响方面有卓越贡献以及在大趋势把握方面的世界级权威、享誉世界的《范式革命》作者Don Tapscott教授。第二个特点是本书内容中没有令人难懂的理论和艰深晦涩的专业术语和说教，而是以浅显易懂、平实又不失风趣的语言把作者的亲身经历、思考和感受呈现给读者，使得读者不需要有专业的金融知识或IT基础就能够了解过去半个世纪以来技术对金融交易行业发展所带来的影响。第三个特点是本书以创新为主线，通过描绘从公开叫价到向使用计算机做自动交易发展的艰难历程，再到区块链出现给未来数字经济时代下金融交易行业所带来的冲击和影响，把金融交易行业的过去、现在和未来的发展脉络清晰地勾画出来，它既激动人心地讲述了技术发展和创新推动行业变革所带来的正面影响和意义，同时也客观指出了创新所面临的巨大挑战，特别是普遍存在的传统习惯和势力阻碍创新落地的现实情况，并宣示了作者对技术发展和创新长远最终将胜出的坚定信心。

这些鲜明的特点使得本书具有独特的价值，值得金融行业、信息技术行业的从业者，以及有志于用技术推动行业变革和发展的人士花时间来阅读。阅读本书，能使读者借鉴过去半个世纪以来金融交易行业的发展历史，总结技术变革对行业发展影响的趋势和规律，激发读者思考如何利用技术和创新在当今错综复杂的经济形势、瞬间万变的市场以及激烈的行业竞争中走出一条适合自己发展的道路,并在未来的技术变革和行业发展中紧跟趋势、立于不败之地。

2. 为什么要翻译本书

当机械工业出版社的编辑找到我翻译本书的时候,开始有些犹豫,因为一来平时工作很忙,二来过去也没有正式翻译出书的经验,担心翻译得不好。后面看完原著之后,深受内容的吸引。原书作者桑德尔博士在1969年就有超出当时时代的洞察力,不仅提出了用计算机来取代传统人工叫价的交易模式,而且还详细设计了整个计算机交易系统的落地方案,包括业务流程、系统架构、软硬件产品组织结构和实施预算。作者不是为了炫耀当初多有远见,而是以个人的亲身经历,讲述了新技术和业务结合的创新给金融业务带来的推动和变革,另一方面也客观地说明了传统习惯和现有格局对创新的阻碍。书中也分析了当前金融交易行业所存在的一些问题和挑战,并对新出现的区块链技术寄予厚望,特别指出在交易后的清算和结算这个领域,区块链将会起到革命性的作用。

我后面决定接受挑战,翻译本书,一来是因为对本书的内容感兴趣,二来也是因为过去的经历与本书内容产生了很强烈的共鸣。作为计算机本科毕业的我,毕业后长期从事计算机技术在金融行业的应用开发和系统架构设计方面的工作。在1996年,我有幸参与了澳大利亚联邦银行外汇电子交易系统的开发,当时负责整合前台交易系统 Global Trader 及后台结算系统 Midas 的架构设计和系统实现。20世纪90年代正是金融交易行业纷纷电子化的时代，当时苦于缺乏金融专业知识，我还专门去澳大利亚金融学院就读研究生课程。今天，看到桑德尔博士于1969~1970年设计的计算机交易系统方案，有一种非常亲切的感觉。当时虽然还是中心化大型机的时代，还没有个人计算机以及Client/Server分布式计算模式，也没有互联网和云计算等技术，但大部分的系统设计方法和今天没有质的区别，只是现在因为有了像云计算这样弹性扩展的模式，系统设计不需要像过去那样细致到容量字节数的估算。可以说，即使以今天系统设计的眼光来看桑德尔博士半个世纪前设计的计算机电子交易系统，除了用今天的计算机技术取代当时的技术外，它的系统设计思想和业务流程并没有过时。最后一个让我下决心翻译本书的原因是因为本书的一个重要内容是讨论区块链在金融行业的应用以及未来可以推动的行业变革，特别是集合了这个行业中最权威的一些大师的洞见，因此有必要把它们展现给中国的读者。

虽然译者在国外生活多年，能熟练使用英文，但翻译并不是我的特长。于是临时抱佛脚，在网上查看了一些翻译家的资料，力图掌握翻译的技巧。最后看到严复先生的"信、达、雅"翻译原则，豁然开朗。"信"（faithfulness）是指忠实准确地传达原文的内容；"达"（expressiveness）指译文通顺流畅；"雅"（elegance）可解为译文有文采，文字典雅。个人觉得，信，这个译者可以保证做到；达，这个译者可以努力做到；雅，则是译者持续追求的目标，不及之处，也请众多读者见谅。

3. 本书启发下关于区块链以及数字经济的思考

最近几年，主流媒体越来越多地在讨论数字经济。第一个正式提出"数字经济"概念的，正是本书的贡献者之一 Don Tapscott。他在 1996 年出版的畅销书《数字经济》，使得商业界认识到互联网技术对整个经济带来的转型性重要意义。2016 年在杭州召开的 G20 峰会通过了《二十国集团数字经济发展与合作倡议》，数字经济也成为全球关注的经济转型的重大话题。

虽然数字经济成为一个热点话题，但是数字经济的定义却一直不是很清晰，有着不同的理解和解读。杭州 G20 峰会给数字经济下的定义是："以使用数字化的知识和信息作为关键生产要素、以现代信息网络作为重要载体、以信息通信技术的有效使用作为效率提升和经济结构优化的重要推动力的一系列经济活动。"对于一些人来说，这个定义其实也比较模糊笼统，不容易理解。

译者个人的浅见是要理解数字经济，首先要重新思考"数字"这一个人们平时都不假思索使用的常用词。数的概念其实人们与生俱来就有，古希腊的毕达哥拉斯学派把宇宙万物都归结为整数或整数比。中国的《易经》中，贯穿全书的是"象、数、理、占"这四个概念。其中象，通俗的理解就是宇宙万物所呈现的物理现象；数，其实是物理现象的符号化抽象和量化；理就是在抽象符号化和量化之后通过分析归纳推理找到的规律。有了规律就可以"占"，就可以预测未来。因此，数字，首先是一种代表物理现象的量化符号，但进一步想，数字实际上是离散的量。我们知道，

电子交易和区块链 过去、现在和未来

自然界的物理量一般来说都是连续变化的量，也就是我们通常所说的连续变化的模拟量。数字化，实际上是在连续变化的模拟量中取样，变成离散数字量，再用数字量来仿真、模拟或控制物理现象的过程。

人类数字化的历史，当然最早可以从数的概念产生时算起。但比较有里程碑意义的标志性事件有以下几个：

1）德国数学家莱布尼茨在1679年写了《二进算术》的论文，第一次系统性地阐述了二进制理论。在1701年当他看到中国的伏羲图之后，莱布尼茨认为中国古代的《易经》就蕴含二进制思想，因此发表了《关于仅用0与1两个符号的二进制算术的说明，并附其应用以及据此解释古代中国伏羲图的探讨》的论文。二进制的发现，奠定了计算机数字化处理的理论基础。

2）1844年5月24日，美国人摩尔斯在美国国会大厅用他发明的电报机向巴尔的摩发送了人类第一份电报，内容是"上帝创造了何等奇迹！"。摩尔斯电报是人类历史上第一个数字通信的例子。有别于电话基于模拟信号的通信，摩尔斯电报是通过采用电路的断开和连接两种状态分别表示"0"和"1"，"0"和"1"的编码就可以表示任何文字信息。

3）1936年英国科学家图灵提出"图灵机"这一通用计算机理论模型，奠定了计算机的理论基础。

4）10年后的1946年，美国科学家冯·诺依曼提出了"存储程序"计算机架构，成为通用计算机的主流架构。同年，美国人

莫克利和艾克特在宾夕法尼亚大学制造了第一部计算机 ENICA，从此开启了人类将业务流程、生产制造进行数字化的进程。

5）1961 年 6 月，美国 MIT 在读博士伦纳德·克兰罗克提交了《大型网络的信息流》的博士论文，第一次提出了通信网络中采用"包交换"的理论，奠定了现代计算机网络通信技术基础，催生了互联网的出现，有着非凡的历史意义。朱嘉明教授甚至把包交换理论的提出，作为数字经济产生的第一个"奇点"。

6）在具备数字计算和数字通信的理论和技术之后，接下来需要突破的另一个高峰——数字存储。1949 年，美国科学家王安博士发明了磁心存储器，在铁氧体磁环里穿过一个导线，当导线中流过不同方向的电流时，磁环会按不同方向磁化，代表"0""1"来存储信息，这也是后面 RAM 的技术基础。该技术奠定了存储数字化的基础。

7）1956 年，IBM 公司制造出世界上第一块硬盘 350RAMAC，该硬盘有两个冰箱大，存储容量只有 5MB。到 1973 年，IBM 公司用温彻斯特硬盘取代 RAMAC，成为今天机械硬盘的始祖。

8）1967 年，贝尔实验室的韩裔科学家姜大元和华裔科学家施敏一起发明了浮栅晶体管，用浮栅保存通过量子隧道效应进入的电子来实现数据的存储。该技术奠定了后来固态硬盘（SSD）主流技术 NAND Flash 的基础。SSD 可比机械硬盘速度快百倍多，而且具有功耗低、体积小、稳定性高的特点。今天的 NAND Flash 技术已经发展到 3D 堆叠 96 层的工艺，大容量、高性能的 SSD 已经商用。而另一方面，比 SSD 更高性能的 MRAM、3D XPoint 磁盘技术也发展起来，未来内存与外存的界限将越来越模糊，内存计算将兴起。

9）1980 年，荷兰的飞利浦公司和日本的索尼公司开始研究音乐光碟，首张光碟 CD 于 1982 年面世。过去音像记录都是用模拟信号记录，CD 的出现，第一次开启了大规模信息数字化的阶段。同样在 1982 年，第一部数字电视研究成功，电视行业也开启了数字化的进程。更为巧合的是，也在 1982 年，北欧国家提交了移动数字通信的 GSM 标准，移动通信的数字化进程也正式开启。从音像数据，再到电视和移动通信，人类社会正式进入大规模数字化的阶段。

10）2008 年，匿名密码朋克中本聪发表《比特币：一种点对点的电子现金系统》白皮书，第二年，第一个基于区块链的虚拟货币系统比特币诞生。比特币是第一个不锚定物理资产的数字货币，可以说是"无中生有"的数字资产。朱嘉明教授把比特币问世作为数字经济产生的第二个"奇点"。

11）2011 年，咨询机构麦肯锡第一次提出了"BigData"的概念，标志着不断深化的数字化进程产生了指数型增长的规模化数据，而如何处理大数据，发掘大数据的价值成为科技领域和业界的关注点，由此催生了 NoSQL、Hadoop、Spark 以及各种机器学习/深度学习等大数据处理技术和新的数据服务业态。

在区块链技术出现之前，"数字化"的概念等价于"电子化"，

译者序

基本上意味着用计算机把原来的物理模拟量变成数字信号来处理，以达到自动化、智能化的目的。例如把原先人工、纸质流程变成"无纸化"的电子流程，或者把图像、声音通过编码进行更灵活高效的处理。区块链技术出现后，"电子化"和"数字化"的概念有了一个很大的区别。一方面，"电子化"的数据没法保证唯一，没有办法在一个公开、公平的环境下确权，而基于区块链的数字化技术可以保证数据的唯一，可以为数据确权，进而保证数据价值的安全传递，由此，奠定了数字经济时代数字资产安全流转的基础。

我们上面提到的都是一些重大科学技术的出现推动了数字化进程的发展，但非技术因素的推动作用甚至远超技术因素，而且往往容易被人忽略。就像本书提到的，在20世纪60年代的美国，随着反越战出现的嬉皮士运动，极大地唤醒了社会创新和变革的意识。而后，朋克（Punk）摇滚文化的出现兴起了反传统、反主流、思想解放的思潮，继而出现了赛博朋克（Cyberpunk）、密码朋克（Cypherpunk）等黑客（Hacker）文化。这些在当时看来很另类的思想文化有着哲学上深刻的一面。最后在全球范围内催生了开源（Opensource）和自由软件（Free Software）运动。而更重要的是，80年代西方开始实行新经济自由主义政策，放松管制，鼓励市场竞争，鼓励企业外包降本增效、降低关税等贸易壁垒以推动国际贸易。并且中国大力推动改革开放，全球化趋势已然形成。从某种程度上说，数字化的最大推手，莫过于开源运动、自由贸易和全球化。

XXIII

电子交易和区块链 过去、现在和未来

本书给我们的一个启发是，虽然科技的发展呈加速的态势，但技术的落地和推广却不是一帆风顺的。传统势力由于现有的利益格局，人为阻碍技术引起的业务变革司空见惯。业务规则、行业规范以及监管和法律的发展严重滞后于科技的发展。创新者和改革者要有充分的思想准备，挫折、弯路必不可少。特别是在数字化的大潮中，有很多反对者、失落者、落伍者会不遗余力地阻碍变革和发展。

到了今天，虽然数字化的进程已经渗透到经济的方方面面，同时在人工智能技术的推动下，数字化的深度、广度和速度都有前所未有的提升，但同时也要看到，数字化的发展产生了很多新的问题，给数字经济发展的前景蒙上一层阴影，带来很大的不确定性。

尽管如此，从桑德尔博士亲身的经历，包括他对区块链技术终将改变金融行业的坚定信心，我们可以从中受到启发。我们有理由相信，伴随人类文明发展的数字化进程，经过近60多年的加速发展，已经形成一股不可阻挡的洪流，不是某个国家、某种势力能够阻挡得了的。"青山遮不住，毕竟东流去"，我们对数字经济发展的未来充满信心。译者也欢迎关注数字经济发展的读者加微信 liandajun3986 保持沟通交流。

邹均

原书前言
布莱斯·马斯特斯（Blythe Masters）

采用区块链的途径

自从 30 年前作为 J.P. 摩根公司的实习生进入金融服务行业以来，我目睹了技术创新的惊人加速发展。今天的计算机，具有与以前的庞大、不互联的大型计算机相当的计算能力，现在小到可以放在我的手掌中。公开喊价、固定电话、电报、电传、传真和纸质备忘录早已被电子网络替代品取代。过去要花几周时间的事情现在只需要几秒钟。在技术和监管变革的推动下，生产力爆炸式增长，市场结构不断迭代。

这些技术进步产生了复合效应，每一次新的突破都使得下一次突破更快到来。当我在 20 世纪 80 年代后期开始我的职业生涯时，交易意味着公开的叫价和电话代理所用纸质票据的交易；分析则是每周更新的手绘图表。20 多年以来，这个已经转变为电子在线交易进行直接处理和实时分析。今天，我们有专门致力于高频和算法交易的机构，用以纳秒为单位的实时分析来进行竞争以获得市场优势，这些是在过去即使数据已经具备，也可能需要数月运行才能完成的。计算能力的提高、存储成本的降低以及网络带宽的增加推动了信息生成和扩散成本的急剧下降,其结果是金融市场中几乎所有方面的速度都呈指数级增长。

具有讽刺意味的是,技术性军备竞赛彻底改变了交易,但并未延伸到交易事后领域,相比之下,交易事后领域仍然非常古老。要想在这一领域进行革命,就需要某些东西在价值传递方面起着像互联网在信息传递方面那样有意义并带颠覆性的作用。不出所料,这种转变的动力源于2008年全球金融危机造成的非同寻常的信任和价值损失。一个看似简单但又巧妙的在2008年出现的白皮书《比特币:一种点对点的电子现金系统》启发了一系列创新,统称为分布式账本技术,从此创造了一个新的"价值互联网"。分布式账本技术实际上是一个包含许多组件的方便的集体术语。这些包括使用区块链(安全、不可改变、分布式、复制和同步数据存储)、公钥基础设施和加密签名、哈希函数、业务逻辑的建模和自动化及一致性算法等。这听起来很复杂,但这一切叠加的结果是不同实体有机会共享数据库基础设施并依赖共享的、可独立验证的安全数据记录和价值转移。反过来,这可以大大提高效率,并促进以前无法实现的新操作模型。在未来10年,这项技术将彻底改变市场结构,就像电子交易彻底改变市场一样。

当区块链发烧友和媒体一起鼓吹区块链将宣布从清算到结算以致贸易融资中各个环节中中介的"死刑"时,我们将很难避免围绕区块链技术的头条新闻和炒作。然而,几乎是一夜之间,区块链很快就从犯罪分子的技术选择变成了金融服务的圣杯。那么,为什么这项技术被称为互联网变革,为什么与传统的技术采用曲线相比，这种转变如此快速呢？答案很简单。它出现在收入低、成本高、资本要求飙升、资本成本超过股本回报的时代。安全、共同的交易处理可以消除对账、减少错误、满足监管报送要求、加快结算、减少保证金和资金，并提供新的商机。这些不是寻找问题的技术的特征，而是可以解决紧迫的现实问题的技术的特征。很少有技术能够实现其最初的承诺，但我真的相信——在金融市场度过了整个职业生涯之后——区块链提供了一次千载难逢的机会来重新思考金融市场的基础设施。

《电子交易和区块链：过去、现在和未来》在说明区块链是什么，它如何运作以及为什么它对我们这一代如此重要的全面解释方面做得非常好。理查德·桑德尔在欧洲和美国的交易所采用电子交易之前很多年就建立了有史以来第一个电子交易平台。他对这个个人经历做了一个令人着迷的描述。作为市场的发明者，他对区块链为金融创新提供的可能性着迷。他组建了一支具有该领域实践经验的优秀贡献者团队。经历了从公开叫价到电子交易过渡的 Don Wilson 提供了他对这个故事以及区块链对交易社区意味着什么的见解。畅销书作家 Don Tapscott 扩展了金融服务对环境市场的潜在应用。我要解决的问题不在于区块链是否会产生影响，而在于我们如何以及以何种方式实现目标。

我们生活在一个创新驱动的经济中，技术是每个具有前瞻性思维的组织的核心。就在两年前，区块链被誉为一支强大的颠覆性力量，将以优步取代出租车和豪华轿车服务的方式取代金融中介。快进到今天，我们开始看到因比特币区块链出现而被人预测为多余的机构已经真实地被淘汰。就像互联网技术有可能颠覆一样，它也有可能赋予权力。分布式账本技术的故事将非常相似。正如金融公司适应互联网一样，值得信赖的金融中介正在适应区块链并利用其优势，在某些方面取代自己的商业模式，因为他们认识到需要以更低的成本提供更好的服务，这需要改变他们做事情的传统方式。

然而，它不会一帆风顺。虽然像区块链这样的技术带来了许多好处，但如果没有仔细而正确地实施，它们也会带来风险。金融交易事后处理架构发展缓慢的一个原因是，它们具有高度系统性的后果，受到严格监管，并担负大量的价值存储和转移。需要延缓它们对人们的生计、储蓄和健康记录方面带来的影响，并且需要政府和监管机构进行更仔细的监督，而不是像出售书籍、呼叫出租车或数字化照片那样简单。这也是目前存在的确保我们市场健全性和安全性的公司不会简单地被去中介化的另一个原因。维护此类基础架构所涉及的成本和复杂性是巨大的，新进入者可能没有资本、经验或很难获得信任来承担此类角色。因此，开发构建全球经济的未来基础设施需要每个利益相关方的合作。科技公司、创业公司、银行、交易所、托管人、结算机构、监管机构、律师事务所——价值链中的每个实体都必须参与对话。当思维在知识、思想和经验的共享基础上进行适应和发展时，创新和实用主义之间会取得最好的平衡，而且在我的职业生涯中，我第一次看到这种情况发生了。通过开源合作、联盟和多方项目，传统上具有竞争力的公司正在通过标准化和协作共同推进整个行业。

资本的大量投资也在进行中，大公司投入数十亿美元的风险资本来资助研发。区块链不仅涉及自动化流程和降低成本，还体现了我们做事方式的彻底转变。电子交易不仅消除了对语音经纪人或人工处理的需求，而且还产生了新产品和新资产类别。区块链不仅会消除对账并提供可审计的数据跟踪，它还将开辟我们无法想象的新服务。但与互联网类似，这来得并不容易也不会便宜。把区块链用好将需要持续投入时间和金钱。

那么下一步是什么？简而言之，人们期望看到这项技术能够发挥作用，以实现其潜力；而这个正在变成现实。研究、协作和投资将使区块链能够彻底改变整个行业，从金融服务到供应链管理，从音乐到支付再到医疗保健。我们生活在一个每个人都在不断寻找下一个伟大东西的世界：下一个杀手级应用或下一个重大创新，要真正具有颠覆性，创新必须转化为满足需求并创造价值的东西。区块链满足这两个要求。不久之后，我们将无法想象我们今天花了这么长时间以现在的方式做事，因为区块链将成为我们未来做事情的基础。这个未来今天已经正在发生了。

作者简介

Richard L.Sandor（理查德·桑德尔）博士（荣誉理学博士）是美国金融交易所（AFX）董事长兼首席执行官，该交易所是为银行同业/金融借贷机构贷款和借款服务的电子交易所。他还是环境金融产品公司首席执行官，该公司专门从事发明、设计和开发新的金融市场。桑德尔博士目前是芝加哥大学法学院法学和经济学的 Aaron Director ⊖ 主任教授，也是芝加哥大学法学院和香港大学的名誉教授。他被芝加哥市誉为"金融期货之父"。2002年，他被《时代杂志》评为"地球英雄"，并在2007年因其作为"碳交易之父"所做的贡献被评为该杂志的"环境英雄"之一。2013年10月，桑德尔博士因其在环境金融和碳交易领域取得的成就而获得骑士勋章（法国国家荣誉勋章骑士）称号。他拥有瑞士联邦理工学院（ETH）荣誉理学博士学位。他曾担任芝加

⊖ Aaron Director：芝加哥大学法学院在发展芝加哥大学经济学中起主导作用的教授职位。——译者注

哥商品交易所、洲际交易所、芝加哥期货交易所、伦敦国际金融期货和期权交易所（LIFFE）和天津排放权交易所（TCX）等主要商品和期货交易所的董事会成员，以及芝加哥艺术学院等几个慈善和非营利组织的董事会成员。桑德尔博士是《Good Derivatives: A Story of Financial and Environmental Innovation》（好的衍生品：金融与环境创新的故事）的作者；《Environmental Markets: A New Asset Class》（环境市场：全新资产类别）的主要作者，该书由 CFA 协会研究基金会出版。他的另一本书《Sustainable Investing and Environmental Markets: Opportunities in a New Asset Class and How I Saw It: Analysis and Commentary on Environmental Finance (1999—2005)》（可持续投资和环境市场：全新资产类别中的机遇）由世界科学出版社出版，该书已授权给中国东方出版社出版中文版。

贡献者简介

Blythe Masters（布莱斯·马斯特斯）是 Digital Asset 的首席执行官，Digital Asset 是一家总部位于纽约的金融技术公司，该公司负责构建软件，使企业能够使用分布式账本技术自动化和协调组织之间和内部的交易。其平台能够降低风险、成本和提高效率，同时提高在高度监管和系统相应的金融市场中运营的机构的安全性、合规性和速度。Digital Asset 平台是唯一一个根据世界上最大的金融基础设施的生产要求开发的分布式账本平台。Blythe 还是 Linux 基金会开源 Hyperledger（超级账本）项目管理委员会主席，桑坦德集团国际顾问委员会成员，以及美国数字商务商会顾问委员会成员。她之前是摩根大通的高级管理人员，在经历了长达 27 年的职业生涯之后，于 2014 年离职，此前她成功出售了她在 2007~2014 年期间在 J.P. 摩根公司建立的实物大宗商品业务。2012~2014 年，Blythe 担任全球金融市场协会（GFMA）主席。2008~2010 年，她担任证券业和金融市场协会（SIFMA）主席。

2015~2016年,她担任桑坦德消费控股公司(纽约证券交易所股票代码:SC)董事会主席。Blythe是全球妇女基金会董事会联合主席,乳腺癌研究基金会、女权主义研究所董事会成员,ID2020㊀董事会成员,以及大纽约市协会前董事会主席,该协会与Susan G. Komen发起的治愈乳腺癌运动相关。Blythe拥有剑桥大学三一学院经济学学士学位。她是一个住在纽约的热心的马术爱好者。

Donald R. Wilson, Jr.(唐纳德·R.威尔逊)是DRW的创始人兼首席执行官,DRW是一家主要交易公司,在芝加哥、伦敦、蒙特利尔、纽约和新加坡设有办事处,员工超过750人。Donald于1989年开始从事该行业,专注于通过技术、研究和风险管理抓住市场机会,并于1992年在芝加哥商品交易所的欧洲美元期权交易所创建DRW。DRW的业务已经扩展到房地产投资、风险投资和加密货币。Donald是金融期货行业有影响力的领导者,并于2010年成立了FIA Principal Traders Group。他是Eris Exchange的联合创始人和董事会成员(Eris Exchange是一家交易利息掉期期货合约的指定合约市场),并且是Eris Exchange知识产权的共同发明人。他是

㊀ ID2020:一个由John Edge在2014年发起的非营利、公司和私人合营的机构。该组织针对全球近11亿人没有任何身份证件的问题,以行动来支持联合国关于在2030年实现为全球每个人提供唯一的数字身份的目标。该组织获得的最早一笔资助来自洛克菲勒基金会,目前包括埃森哲、微软等公司都参与了该组织。——译者注

贡献者简介

Digital Asset Holdings 的联合创始人兼董事会成员,该公司利用分布式账本来改善金融工具的结算。他拥有芝加哥大学经济学本科学位,现在他是该校的 Trustee(基金)受托人。他还是 Ann & Robert H. Lurie 儿童医院芝加哥基金会的董事会成员。作为一名狂热的帆船航行竞赛者,Donald 是芝加哥比赛中心的创始人,并担任路易威登美洲杯世界系列赛芝加哥的主席。

Don Tapscott(唐·泰普斯考特)(理学学士、教育学硕士、荣誉法学博士),Tapscott 集团的首席执行官,是世界上研究技术对商业和社会影响的主要权威之一。他撰写了超过 15 本书,包括《Wikinomics: How Mass Collaboration Changes Everything》(维基经济学:大众合作如何改变一切),该书已被翻译成超过 25 种语言。Don 30 多年来一直在推进突破性的概念。他于 1992 年编写的畅销书《Paradigm Shift》(范式革命)帮助推动了这一开创性的管理理念,而 1995 年编写的《The Digital Economy》(数字经济)改变了商业思维对互联网转型性意义的认识。两年后,他的《Growing up Digital》(数字化成长)一书使得"网络世代"和"数字鸿沟"成为热词。Don 最近最具雄心的书,是和他的儿子——创业公司首席执行官和比特币治理专家 Alex Tapscott(阿莱克斯·泰普斯考特)合著的《Blockchain Revolution: How the Technology Underlying Bitcoin is Changing Business, Money and the World》(区块链革命:比特币底层技术如何改变货币、商业和世界)。该书在

电子交易和区块链 过去、现在和未来

2016年5月出版，根据哈佛商学院的Clay Christensen的说法，"这本书，字面意思是关于如何在下一波浪潮和发展技术驱动的颠覆中生存"。2017年，Don和Alex共同创立了区块链研究所，该所有70多个对区块链战略、用例、实施挑战和机构转型的详细调查项目。Don曾获得加拿大总督功勋奖，被Thinkers50（思想家50人论坛）评为全球第四大最具影响力的管理思想家。他是多伦多大学罗特曼管理学院的兼职教授以及安大略省特伦特大学校长。

致　谢

我将按照本书副标题中的顺序来鸣谢：从"过去"部分开始；接着是"现在"部分；最后在"未来"部分结束。我作为金融创新参与者的职业生涯起源于在明尼苏达大学读研究生的时代。1962年，经济学系在经济理论和公共政策方面都是动力十足。该校的这一传统仍延续至今，2010年"Heller Hurwicz学院"的成立是一个足以佐证的例子。我是数学学科的受益者，数学几乎贯穿我所在的经济学系的所有课程。我学习了所有关于理论的课程以及计量经济学和统计学中很大的一部分。当我完成了微观和宏观理论的必修课程以及国际贸易和公共政策中的选修专业时，我有幸在工业组织中参加研究生研讨会。我的老师和论文顾问Jacob Schmookler开始关注发明与经济增长之间的关系。我的博士论文的主题是发明活动的经济学，而不是金融市场。我没有意识到后者将成为我未来50年的知识和职业生活的焦点。那时我学到的关于工业发明活动的知识为我未来50年的研究和专业活动提供了依据。

我作为创新者的实际职业生涯真正起源于加州大学伯克利分校，虽然我的第一次创新尝试没有成果。但我还是要从那里继续列举我的致谢名单。David Alhadeff在我的生活中浮现，是他邀请我加入加州大学伯克利分校。虽然他很害羞而且不喜欢分享关于他是如何帮助我收到加入现在被称为加州大学伯克利分校哈斯商学院的教研组的邀请。但后来我从别人那里知道了是出于他的帮助。他作为导师提供的个人和智慧帮助不容忽视。也要非常感谢Bill Roberts。我下一个感谢的是Barry Sacks和参与CCARP项目的研究生。没有他们，开创性的研究和由此产生的研究备忘录是不可能完成的。Earl Crabb也值得感谢。特别感谢加州大学伯克利分校哈斯商学院院长Rich Lyons，感谢他在担任院长的10年任期内给予的支持。Rich对于促进在加州大学伯克利分校商业和经济研究所的网站上发布CCARP研究成果发挥了重要作用。

我要特别感谢我逝去的朋友和导师Ronald Coase。在看到本书和其他地方介绍区块链时引用到他的理论时，我脸上露出了灿烂的笑容。1963年，当Leo Hurwicz将Coase的《公司理论》分配给我们的微观理论课程时，我第一次读他的巨著。从那以后，他的教义一直伴随着我。

当然，我也十分感激这本书的其他贡献者。Blythe Masters、Donald R.Wilson, Jr.和Don Tapscott都是各自领域的领导者。他们每一个人都带来了丰富的知识和实践经验作为他们的贡献，我也确信这些引人入胜的章节将照亮我们的读者。写这些章节需要从繁忙的日程中抽出时间；随后的讨论和编辑也是如此。为此，我非常感激。

我还要感谢Keith Bronstein，感谢他对我介绍的早期版本提供的意见和他与我45年的个人友谊。他的支持和知识非常宝贵。

致　谢

我的行政助理 Iris Chaoui-Boudrane 和 Meaghan Lidd 正在以这种方式持续工作。Meaghan 对这个过程至关重要。她重新录入了整个 CCARP 报告，并为稿件的设计和布局提供了巨大的帮助。

然后我对 Rafael Marques 表示感谢，我和他一起工作了 20 年。Rafael 从一名研究助理和一名研究员发展成为本书的非正式编辑，以及《可持续投资和环境市场：全新资产类别中的机遇》的合著者，这是我在过去 7 年中所写的 4 本书之一。我作为一名老师，看着 Rafael 从研究助理发展成为编辑和商业伙伴，心里感到无比欣慰。让我们也不要忘记向 Rafael 的仔细调查致敬。毕竟，在芝加哥附近北部的合作研究室下面，在灰暗而布满灰尘的地下室中的像海一样的成片纸箱上，一个纸箱堆叠着一个纸箱，Rafael 是那个找到 CCARP 研究报告的唯一副本的人。

特别感谢 Ruth Ebenstein。她被普遍认为是一位多才多艺的作家和编辑，并在准备我的介绍时提供了巨大的帮助，我感觉这样评价她似乎还有些轻描淡写。当我第一次请 Ruth 审阅我的材料时，我想象她只会作为编辑来审我的稿子。但相反，她的角色演变为研究员和共同作者。虽然我一直很喜欢写故事，但我发现让它们生动得像跳出页面样跃然纸上很有挑战性。Ruth 似乎很容易就能做到这样。在书中"介绍"的几乎每个阶段，她都与我一起将简单的观察转化为渗透感官的场景。例如，我的"介绍"是从 20 世纪 60 年代加州大学伯克利分校的变化开始，使用视觉、景点、气味以及那个时代特有的声音来描述。原始版本缺乏这种色彩和神韵。当我后来在介绍中宣称旧金山商品俱乐部的律师传达了支持者不想实施该研究的信息，因为它"风险太大"时，她温和地建

电子交易和区块链 过去、现在和未来

议我重新考虑写法。只有当我把文章改为"来自爱达荷州主权州的律师宣称它风险太大"时才证明这是可以接受的。我是她的学生,并在整个过程中成长。我绝对不是 Thomas Wolfe[一],但 Ruth 绝对是我的 Maxwell Perkins[二]。

正如书中"介绍"中所指出的那样,Jane Gladstone,我多年来的好朋友,用一种不可思议的眼光将人们聚集在一起——她向我介绍了 Wences Casares。顺便说一句,作为投资银行家,她为交易所制定标准。我非常感谢 Jane 的介绍。Wences 和我一见如故,多年来一直保持着联系。Wences 对我的书中介绍给予极大帮助并贡献良多,他专门从巴塔哥尼亚(Patagonia)[三]打电话给我一些见解和建议。

特别感谢我的姐夫 Jeff Simon 教授,他提醒我在书中加上我娇小女儿的照片。在我的脑海中印着的是这个两岁大的有棕色头发的小孩的照片,她穿着红色的连衣裙,拿着白色的康乃馨给国民警卫队的一名士兵。我很伤心,我们找不到这张照片了。

另外,同样重要的是,Jeff 的技术评论非常宝贵。这并不让我感到惊讶;它们反映了他作为加州大学洛杉矶分校的一位知名作

[一] Thomas Wolfe(1900—1938),20 世纪美国作家。代表作品有长篇小说《天使,望故乡》。

[二] Maxwell Perkins(1884—1947)是美国出版史上的一位传奇人物和编辑。他曾与弗朗西斯·斯科特·基·菲茨杰拉德(Francis Scott Key Fitzgerald)、欧内斯特·海明威(Ernest Hemingway)、托马斯·沃尔夫(Thomas Clayton Wolfe)、玛·金·罗琳斯(Marjorie Kinnan Rawlings)等著名作家合作出版图书。

[三] 南美的一个地区。——译者注

致　谢

者和教员的成就。

如果不提及我最重要的支持者，致谢将是不完整的：我的导师，我亲爱的朋友和心爱的家人，以及其他人。

Les Rosenthal，我最亲密的导师和一位珍爱的朋友，他于2017年9月16日意外去世。我在去参加他的葬礼前几个小时写下这些话。他是一位非常重要的事业伙伴，也是我的一位有深厚感情的朋友和顾问。Les 是一位坚信为变革而战的勇士。在20世纪90年代的10年间，我们共同努力说服芝加哥期货交易所（CBOT）领导成为一个营利性的电子交易所。在 Battery 和 Blackstone 的支持下，我们还试图收购芝加哥商品交易所（CME）。我们失败了。然后我们试图购买芝加哥期货交易所，并再次失败。Les 建议我联系我的好朋友 Brian Williamson 爵士，购买并振兴伦敦国际金融交易所。我们做到了。这项努力起到了作用，并帮助引发了美国随后发生的变化。在欧洲，瑞士人和德国人是第一批推动者。欧洲期货交易所的 Jörg Franke 和 Andreas Preuss 被认为是在1990年的第一批推动者。他们的成功对全球的交易所产生了深远的影响。然而，最后是由掌舵 LIFFE 的 Brian Williamson 爵士彻底改变了该交易所的命运，并使电子交易和营利模式成为现实，在交易所中的任何人都无法逃脱这一改变。

非常重要的是，在 LIFFE 的凤凰涅槃般的复兴背后有一些无名英雄。Les Rosenthal 打电话给我，问我是否会与 Battery Ventures 的 Scott Tobin 见面，他当时正在研究 B2B 电子商务的机会。我说好。这是一个长期的专业和个人关系的开始。显而易见，Scott 是

电子交易和区块链 过去、现在和未来

一个干练、正直的人。后来在与他和他的同事 Oliver Curme 和 Michael Brown 在当地的海鲜餐厅共进晚餐时,我提到真正的机会是在交易所中使用电子平台。谈到这里我们停止了会话,这是 LIFFE 复活的开始。Scott 随后带来了黑石集团作为合伙人,他们一起成功地以大约 2.5 亿美元的市值购买了交易所的大量股份。Scott 和我加入了董事会。13 个月后,该交易所以 8.5 亿美元的价格出售。没有 Scott 就不会发生这件事。我非常怀疑,如果没有 Les 鼓励我与 LIFFE 合作,如书中所设想的那样的营利性质的电子交易所的梦想能否实现。这个事情也提醒 CME 和 CBOT 采用营利性电子交易模式的风险和回报。

Les 就像一个从传统交易行业走出来的钢铁侠。

我想到的是 1983 年的电影《太空先锋》(The Right Stuff)中关于水星项目太空计划的场景。在电影即将结束时,有一位记者问 Gordon Cooper(由 Dennis Quaid 扮演),谁是有史以来最好的飞行员。他回应说是 Chuck Yeager(由 Sam Shepherd 扮演),是他第一个突破了音障。但是 Chuck 并不在宇航员计划之中,而且 Chuck 后面也默默无闻。Les 就是 Chuck。Les 在事业上飞得比任何其他董事长都要高、都要快,而且从不寻求个人名声。他的专业能力从来都无愧于他自己,无愧于交易所。

我这么说绝不是贬低美国衍生品交易所的其他主席:芝加哥期货交易所(CBOT)的 William(Billy)F. O'Connor;芝加哥商品交易所(CME)的 Terry Duffy、Jack Sandner、Brian Monieson 和 Leo Melamed;和先在 CME 而后在 CBOE 的 Bill Brodsky。

致　谢

特别感谢 Brian Monieson 和 Jack Sandner，他们的努力使我在 20 世纪 80 年代和 90 年代担任 CME 董事会成员。

在任何金融创新的描述中，来自外来人的革新都值得特别提及。洲际交易所（ICE）的 Jeff Sprecher 是营利性电子交易所的创始人，并为变革提供动力。ICE 因为他具有的企业家和领导者的能力而成为世界第二大交易所。他没有传统的包袱问题，并且能够在一开始就正确地设计电子交易所。

我有幸在 21 世纪初担任 ICE 董事会成员，当时其估值约为 5000 万美元，现在已超过 400 亿美元。Jeff 作为企业家和高管的领导力是无与伦比的。CME 的 Terry Duffy 和 CBOT 的 Ed Tilly 也发扬光大了美国金融衍生品交易所具有的产生杰出领袖的传统。我相信 Terry、Ed 和 Jeff 已经在研究区块链了。

最后，最大的功劳必须归功于我的妻子 Ellen Sandor。回到 1969 年，就在那些年前，她鼓励我投入到 CCARP 项目中，尽管她知道我会花费我所有精力来做这件事，这会让我远离为学术期刊撰写论文。她曾经是并且一直是我最大的支持者。Ellen 总是胸怀大局。当我回到家里，将芝加哥交易所的丰富场景描述得五彩缤纷之后，她预言我们最终会把这个伟大的城市变成我们的家。最重要的是，由于我搁置了对电子交易研究的任何想法，她敦促我出去找回它。我们做到了。最后，她以坚定但有爱心的方式敦促我编写本书。所以我也做到了。我的孩子 Julie、Penya 和他们的丈夫 Jack Ludden、Eric Taub，以及我的外孙 Caleb、Oscar、Elijah 和 Justine，他们激励我把这些想法写在纸上。随着数字世界的逐渐成长，它将无处不在。我希望本书能给读者一些关于变化的起源、魔力和神秘性的见解。

世界科学出版社的编辑人员非常棒：Max Phua、Philly Lim May Li、Sylvia Koh 和他们的团队。我非常感谢他们的辛勤工作和对细节的关注。我要向朋友和导师 David Goldberg 和 Pat Hennessy 致敬，他们已经永远离开了我。特别感谢我 20 多年来的好朋友 Charles O. Finley，他是一个非常有趣的人。他就像我的父亲。

非常感谢我的兄弟 Frank 和他的妻子 Lorraine，我的侄子 David、Stephen、Larry 和他们的伴侣。特别感谢我的表妹 Jocelyn 和她的丈夫 Alfred Schrott。我也要大声感谢我一生的朋友 Rick Ferina、Marilyn Grace 和 Kathy Lynn Minervino-Meyers。我感谢许多影响我的人。你们知道我要感谢的是谁。由于篇幅限制，我无法提及在我的个人和职业生涯中扮演重要角色的许多人。以下是一些我需要表示感谢的多年来对我有帮助、建议和支持的人的名单。我决定按时间分组，以更好地反映他们对我整个职业生涯的影响。其中一些在前面也提到过。对所有人表示衷心的感谢。

布鲁克林学院—我的导师兼朋友 T.Bruce Birkenhead；陶·阿尔法·欧米伽联谊会（Tao Alpha Omega，TAO）[⊖]/译塔·贝塔·陶（Zeta Beta Tau，ZBT）[⊖] 的成员和我的终身朋友 Dan Fauci。我第一次和我的妻子 Ellen 一起在布鲁克林区的贝德福德大街上的 TAO/

[⊖] Tao Alpha Omega：美国培养大学生领导力的联谊会组织。——译者注
[⊖] Zeta Beta Tau：1898 年在美国纽约城市大学创立的犹太人青年联谊会。——译者注

ZBT联谊会的灯光昏暗、不太华丽的地下室跳舞。那是我们持续58年关系的开始。当时一半以上的跳舞者都成为了夫妻。

明尼苏达大学—Jacob Schmookler、Leo Hurwicz、Walter Heller、Oswald Brownlee、Anne Krueger、Ed Foster、Clifford Hildreth、Mark Yudof、Robert Bruininks、Eric Kaler、Larry Jones、VV Chari和Chris Phelan。纪念我亲爱的逝去的朋友Jon Goldstein。

加州大学伯克利分校哈斯商学院 — David Alhadeff、Hector Anton、Fred Arditti、Bob Goshay、Bar Rosenberg 和 Deans Paul Wendt、Richard Holden 和 Rich Lyons。

芝加哥大学—我逝去的朋友和导师Ronald Coase，教务长Mike Schill 和 Tom Miles。

西北大学—Stuart Greenbaum、Dipak Jain 和我逝去的朋友Don Jacobs。

哥伦比亚大学—Meyer Feldberg。

俄克拉荷马大学—David 和 Molly Boren。

瑞士联邦理工学院ETH 和南洋理工大学（NTU）—Alexander "Sascha" Zehnder。

牛津大学史密斯企业和环境学院—Gordon Clark 和 Robert Hahn。

北京大学 — 张维迎教授。

香港大学—KW Chau 教授和 Lennon Choy 教授。

在我的职业生涯中我有幸向以下人士学习并收获友谊和支持：

芝加哥贸易局—Henry Hall Wilson、Warren Lebeck、Brian Durkin、Cliff Lewis、David F. Goldberg、Robert Goldberg、Edmond O'Connor、Billy O'Connor、Henry Shatkin 和 Lee B. Stern。另外，最重要的是前面提到的 Les Rosenthal。

芝加哥商品交易所—Terry Duffy、Jack Sandner、Brian Monieson、Leo Melamed、Barry Lind 主席。

德国证券及衍生工具交易所—Andreas Preuss。

期货产业联盟（FIA）—Walt Lukken。

麦克格雷迪（McGladrey）会计师事务所—Gerry Golub。

纽约金属商品交易所（Comex）—Henry Jarecki 博士。

纽约商品交易所（NYMEX）— Vinnie Viola。

康地谷物公司 — M.F. Fribourg、Walter Goldschmidt 和 Paul Fribourg、John Harding 和 John Fyfe。

法国期货交易所（Matif）— Gerard Pfauwadel。

德崇证券公司— Bob Linton、Fred Uhlmann、Michael Milken、Lowell Milken、Ken Moelis、Leon Black、Marc Utay、Rich Handler、Mitch Julis、Josh Friedman、Chris Andersen、Fred Joseph、Ed

致 谢

Kantor、I.W. Burnham、John Burnham、David Lippman、Richard Capalbo、Sylvan Scheffler 和 Randy Read。特别需要提到衍生产品组的 Norman Mains、Ken Karmin、Al Swimmer、Rick Hernandez、Barry Mandinach、Tim Murray 和 Bob Parks。

东方汇理苏伊士银行—Jean François LePetit。

高盛集团—Tim O'Neill。

苏黎世保险和中央再保险公司（Zurich Insurance and Centre Re）— Rolf Huppi、Michael Palm 和 Steven Gluckstern。

可持续性资产管理和可持续回报集团（Sustainable Asset Management and Sustainable Performance Group）— Ernst Brugger、Alexander "Sascha" Zehnder、Alois Flatz、Reto Ringger 和 Alex Barkawi。

我有幸在米尔肯研究所的咨询委员会任职。特别感谢 Michael Milken 和 Mike Klowden。特别要鸣谢 Michael，他对金融和慈善事业的杰出贡献，他在战略性慈善事业、环境、医学、教育等方面的奉献精神和创造力对我们所有人来说都是一个值得学习的榜样。Michael 简直就是智慧过人而且从不知疲倦。

芝加哥艺术博物馆（Art Institute of Chicago）— John Bryan、James Rondeau、Walter Massey 和 Matthew Witkovsky。

芝加哥艺术学院（School of the Art Institute of Chicago）— Walter Massey、Tony Jones、James Zanzi、Lisa Wainwright 和

电子交易和区块链 过去、现在和未来

Elissa Tenney。

美国电力公司——Nick Akins、Mike Morris 和 Linn Draper 主席；我在美国电力公司的董事会同事们 David J. Anderson、J. Barnie Beasley、Jr., Ralph D. Crosby、Jr., Linda A. Goodspeed、Thomas E. Hoaglin、Sandra Beach Lin、Richard C. Notebaert、Lionel L. Nowell、III, Stephen S. Rasmussen、Oliver G. Richard、III, Sara Martinez Tucker 和 John F. Turner；首席财务官 Brian Tierney。

洲际交易所——Jeff Sprecher、Richard Spencer、Chuck Vice、David Goone 和 Scott Hill。我在洲际交易所董事会里的同事们 Judith Sprieser、Vincent Tese、Bob Reid 爵士、Frederic Salerno、Charles Crisp 和 Jean-Marc Forneri。

芝加哥气候交易所——交易所的会员中，特别感谢 Michael Walsh、Paula DiPerna 和 Rafael Marques；员工中要感谢 Nathan Clark、Murali Kanakasabai、Michael MacGregor、Dan Scarbrough、Rob McAndrew、Fran Kenck、Ann Cresce、Michael Stern、Claire Jahns 和 Natalie Persky。还要感谢董事会中的董事们：Maurice Strong、Les Rosenthal、Clayton Yeutter、Warren Batts、Christine Todd Whitman 理事、James R. Thompson 理事、Dale Heydlauff、Bruce Braine、Carlton Charles、Martin Zimmerman、Sue Cischke。还要感谢芝加哥气候交易所的 Neil Eckert，尊敬的 Carole Brookins、Brian Williamson 爵士、Laurie Magnus 爵士、Klaus Gierstner、Matthew Whittell。特别感谢欧洲气候交易所首席执行官 Patrick Birley。

致 谢

乔伊斯基金会 — Ellen Alberding。

天津排放权交易所—戴显胜（Dai Xiansheng）博士、黄杰夫（Jeff Huang）和其他员工。

北方信托公司—Rick Waddell、Mike O'Grady 和 Steve Fradkin。

美国金融交易所—感谢交易所的会员和员工 Sara Higgins、Ed Berko、Andrew Brown、Craig Benson 和 Scott Woodbury。也要感谢董事会的董事们，包括尊敬的 Carole Brookins、Art Kelly、Robert Albertson 和 Andy Lowenthal。也非常感谢 Sullivan & Cromwell 律师事务所的 Rodge Cohen 和 Ken Raisler。

美国金融交易所的创所会员— 阿维斯银行（Arvest Bank）的 Bob Kelly 和 Scott Phillips，联合银行（Associated Bank）的 Tim Watson，布鲁克林银行（Brookline Bank）的 Paul Perrault、Carl Carlson 和 Reed Whitman，花旗国家银行（City National Bank）的 Russell Goldsmith 和 Chris Carey；美国 CIBC 银行的 Larry Richman；第一商业银行（First Merchants Bank）的 Mike Rechin、Michele Kawiecki 和 Phil Fortner，佛罗斯特银行（Frost Bank）的 Phil Green 和 Bill Sirakos，MB 金融银行的 Mitchell Feiger 和 David Greiwe；老国民银行（Old National Bank）的 Brendon Falconer 和 Jim Schmidt，太平洋西方银行（Pacific Western Bank）的 Scott Wallace 和服务第一银行（ServisFirst Bank）的 Tom Broughton、Bud Foshee 和 Rodney Rushing。

卡斯特·克里克资本（Castle Creek Capital）—John Eggemeyer

电子交易和区块链 过去、现在和未来

和 Mike Thomas。

MDC 控股——Larry Mizel。

盈动资本（Incapital）——Laura Elliott 和 Tom Kane。感谢 Tom Ricketts 鼓励 Laura 和 Tom 与我在美国金融交易所一起工作。

冉特投资者服务控股公司（Wright Investors' Service Holdings, Inc.）——Harvey Eisen。

特别要提到 John Lothian 和 Jim kharouf，他们的金融新闻报告内容在电子交易趋势分析方面总是在媒体的头版头条出现，特别是芝加哥期交所新推出的比特币期货趋势分析。

环境社区的领袖们 — 世界资源学院的 Jonathan Lash 和 Andrew Steer；Amory Lovins；Hunter Lovins；国际排放交易所联合会的 Dirk Forrister；Katie McGinty；Dan Weiss；还要特别感谢 Al Gore。

清洁能源基金董事会—Nick Pritzker、Michael Polsky、Paula Crown、Keith Crandell、Tim Schwertfeger、Susan Hassan、Stephanie Dodson、Erik Birkerts 和 Veery Maxwell 以及首席执行官 Amy Francetic。特别要感谢 Jim Crown。

公职人员—Bart Chilton、Richard M. Daley、William M. Daley、Rahm Emanuel、Chris Giancarlo、Valerie Jarett、Barack Obama、Hank Paulson 和 Bruce Rauner。

最后，感谢阅读本书的读者。其实你们才是我们写这本书的唯一原因。

L

目 录

书评

推荐序 / 张军

译者序

原书前言 / 布莱斯·马斯特斯（Blythe Masters）

作者简介

贡献者简介

致谢

介绍 / 理查德·桑德尔（Richard L.Sandor） / 001

CCARP 项目：中期报告——太平洋商品交易所电子市场初步设计 / 理查德·桑德尔（Richard L.Sandor） / 049

市场结构演变——市场从业者的视角 / 唐纳德·R.威尔逊（Donald R.Wilson, Jr.） /155

区块链猜想——降低实现公正和可持续未来的门槛 / 唐·泰普斯考特（Don Tapscott） /169

译者后记　/207

介　绍

理查德·桑德尔（Richard L.Sandor）

过去

  1969年，加州大学伯克利分校的校园在振荡。蔚蓝的天空和舒适的温度与每个角落的火热气氛形成了鲜明的对比。无处不在的变化信号洋洋盈耳，让我感到目不暇接。漫步在斯普洛尔广场的延展区的加州大学伯克利分校学生活动中心，我一桌一桌地数着铺满宣传同性恋权利、自由恋爱、毒品和公民权利的彩色小册子。示威者高呼反对不受欢迎的越南战争的喧嚣，以及在混凝土人行道上摆放的晶体管收音机大声播放着的摇滚歌星 Janis Joplin、滚石乐队和披头士乐队的吼叫的歌声充斥着我的耳朵。当士兵们动用武力对付示威活动时，混有催泪瓦斯的气味弥漫着我的鼻腔。从事嬉皮时尚运动的学生们呼吁改革社会。

  在被人们的声音、气味和一大群期待着一个与众不同的世界的人们所包围，我情不自禁地想，甚至亲身体验到这个世界正在发生变化。随着席卷美国自由派校园的新闻改革，我发现自己也在考虑创新和进步。变化的风潮使我想起了我所选择的经济学领域的未来。

电子交易和区块链 过去、现在和未来

当时我是一个20多岁的学者，穿着花呢运动夹克（袖子上有皮革贴片）和卡其裤，留着棕色卷发，蓄着长而浓密的鬓角。我每周数次为本科生讲授经济学课程，并为研究生讲授定量方法、科学和技术经济学以及经济学课程。在课间，我溜进办公室，在黑色旋转拨号电话机上交易商品。我的妻子Ellen也是时代的产物。她穿着嬉皮花的薄纱上衣和牛仔裤，留着过肩的棕色直长发，她通过自然分娩生下了我们的女儿，在伯克利学习金属制作课程，并担任全国妇女组织伯克利分会的创始秘书。在家里、校园里和街道上，变化都渗透到空气中。我无法摆脱它。

在课间啜饮热的速溶咖啡，我的想法转向创新。计算机及其在有组织市场上的使用仍处于起步阶段。个人计算机甚至都不存在。不过，差不多50年前，在1969年，我越来越相信计算机的兴起可以彻底改变商品交易方式并提供改进的交易工具。我想，使用计算机快速分析统计趋势可能是非常宝贵的，因为快速的响应时间在波动的市场中构成了巨大的优势。虽然有一些计算机用于清算，但电子交易甚至不在任何主要商品交易所的视野里。

请注意，当时的计算机不是今天的计算机。近半个世纪以前，大型计算机被安置在巨大的空调房间里，并使用穿孔卡进行操作，就像我做博士论文时用来做统计分析的放在地下室的IBM 1620。当然，今天的iPhone X比1969年的庞大计算机拥有更强的计算能力。

后来有一个机会使我可以测试我关于计算机用于商品交易的理论。

介　绍

1969年夏天，我的商品经纪人David Ware，他也是旧金山商品俱乐部（一个由一群多元化的农业综合企业和商品经纪人组成的俱乐部）的关键人物，问了我一个问题。"我们正在考虑在旧金山开展营利性的电子交易，以交易椰子油期货，"David说，"你能进行这项研究并帮助我们设计新的交易吗？我们称之为太平洋商品交易所。"

我很清楚，俱乐部成员们正在想做些什么。电子交易所可以改善现有交易所参与者，以及新的投机者和套期保值者使用交易所的便利性。这是一种降低交易成本的变革方式。

但这是激进的。营利性电子交易双重背离既定的交易规范。交易所一直是高度政治化的组织，其运作不是为了使利润最大化，而是为其成员提供特定的利益。因此，虽然电子化打破了一个使用交易所的障碍，但营利性却剥夺了另一个既得利益。

由于旧金山没有现有的交易所，因此难以吸引当地投机者担任做市商。如果没有人在交易所里买卖，我们不能对成功有任何指望。由于没有传统商品交易历史，旧金山商品俱乐部正在考虑进行电子化交易。因此要求我起草一份研究提案。

在1969年秋天，我得到了美国银行授予的15 000美元拨款，用于研究在旧金山地区建立新商品交易所的可行性。我的团队也许是湾区唯一一个了解计算机和商品交易的团队。1969年9月1日，我们建立了加州商品咨询研究项目（CCARP），加州大学伯克利分校慷慨地同意我们可以在其商学院商业和经济研究所内完成我们的项目。第一阶段是检查营利性电子交易的可行性。当时，全球只有12个商品交易所，没有一个是营利性的或电子化的。

当时我头脑中充满了问题。交易所履行了哪些职能？什么样的交易可以使股东利润最大化并最大限度地降低用户的交易成本？我们可以把交易场所的机制计算机化吗？交易所履行的职能如何在电子、营利性交易中发生变化？为了回答这些问题，我预定了芝加哥之旅，研究该市两大交易所的运营和交易大厅：芝加哥期货交易所（CBOT）和芝加哥商品交易所（CME），以便巩固我对交易所执行功能的理解。在访问交易所之前，我聘请了技术顾问——加州大学伯克利分校电气工程和计算机科学系助理教授Barry Sacks，来帮助确定计算机技术是否足够先进以实现这些功能的电子版本。在审核了关于发明活动的研讨会之后，我与Barry成为朋友。我们同意只有在可行性研究表明我们可以继续推进的情况下才在第二阶段组建一个软件团队。

首先，我必须揭开交易场所的神秘面纱以展示其中发生的细节，以及实际上交易所如何实现流动性的情况。我飞到芝加哥去了解情况。

在1969年10月的一个清爽的星期一的早上，就在上午9点前的几分钟，我站在芝加哥期货交易所的访客画廊，渴望见证闻名于世的公开叫价交易系统。随着开盘的临近，交易商和经纪人开始聚集在大豆交易柜台里。这是最大、最动荡的粮食和油籽期货市场。我后来走进了交易大厅，满心欢喜地睁大眼睛。超过500个穿着五彩夹克的人彼此相邻站在不同的交易柜台中大喊大叫，

介 绍

用手势比划着提供大豆、玉米和小麦的买卖价。交易所的分贝水平非常高,高得以致每天交易的交易员日后听力都会有问题。他们中的一些人甚至上过语音训练课。隔着30~40英尺⊖叫价简直就是表演艺术!

我惊叹于数十亿美元的商品如何在集中一个中心位置进行交易,来自伦敦到纽约的订单在芝加哥的这个房间里匹配。考虑到它看起是这么混乱,交易员是如何解读这一切的呢?我困惑和惊讶!

作为世界上规模最大、历史最悠久的期货交易所,芝加哥期货交易所位于西杰克逊大道上一座宏伟的老建筑内,该大楼以小麦、玉米和大豆期货交易而闻名。大堂充满了艺术装饰的陈设,电梯门上挂着一个装饰有堆着收割后小麦的锡制广场。芝加哥期货交易所有一个奇妙的多层交易大厅,俯瞰着拉赛利大街。交易所内部整个楼层装饰的是John W. Norton 所画的三层高的罗马女谷神ceres壁画。我很惊讶。有着三层高的罗马女谷神画的艺术装饰的交易大厅的整个视觉效果完全来自20世纪30年代的电影,甚至比电影更好。

到了9点15分,房间已经开始填满。在交易大厅的许多交易柜台中,记者们在各种商品交易的每个场地的高架站点上占据了一席之地。

在画廊经过了惊心动魄的半小时后,我走进了交易大厅,与

⊖ 1英尺(ft)=0.3048米(m)。

电子交易和区块链 过去、现在和未来

市场记者和公关人员交谈。观察交易所，我注意到当前的交易所系统要花费大量资源来运行交易大厅。我知道电子交易系统可以减少错误、降低成本、吸引更多交易者进入系统，并提供更大的交易透明度。

但是有两个挑战。首先，我们是否可以配置现有的计算机技术来复制订单输入以及撮合买卖双方？这意味着需要创建一个通信网络来传输单据等纸质拷贝中的各种消息，包括订单消息、市场更新和已确认的交易。

其次，我们是否可以经济有效地投资和运营硬件和软件来进行电子交易？这需要了解交易员究竟需要在什么样的信息层做出交易决定。为此，我不得不再次访问交易所，以便观察和采访更多交易者。

设计电子交易的系统流程图是一个紧迫的问题。设计需要描述现有的订单输入和匹配功能，以便以电子方式复制现有功能的流程。在某些方面，设计系统感觉就像在蒙着眼睛的同时玩多个国际象棋游戏一样。每个游戏都是独立的，但你必须立即将所有游戏都记在脑海中。在玩了8个小时的国际象棋后，我感受到了同样的疲劳。

该系统的基本要素是输入信息的用户通信网络，以传输目前在单据等纸质拷贝中携带的几种类型消息。这些包括用于下订单、重新发送订单以进行错误控制、传输基本信息、传达市场更新和确认交易的消息。

该系统的另一个要素包括在阴极射线管（CRT）显示屏上显示信息。屏幕上的信息旨在模拟交易场所的交易员习惯于在墙板上看到的环境。再次，我提醒自己，电子交易由于失去了场内交易员表演的成分，屏幕必须设计得让交易者感到兴奋。我受到了棋盘设计的启发。我对现有的交易所进行了额外的访问，以便更加密切地确定场内交易员在决策中使用的信息类型。第二次旅行让我更好地理解了撮合算法的性质和交易的清算功能。

我们还必须设计一个屏幕。有场内交易员关于买入或卖出的信息，以及在各个价格上可用交易数量的概念。在我访问的交易所中，当日最后的交易价格情况可以在电子设备上获得，或者对于交易量较小且交易连续性差的商品，也可以在黑板上获得。场内交易者可以通过观察最后三个价格来轻松观察短期趋势。电子平台将能够连续同时记录价格和数量。记录价格变化并在屏幕上显示它们的能力将为交易者提供价格变化的精确记录，这样他们就不必完全依赖于他们自己凭经验进行的猜测。有关交易的商品的基础信息也将在屏幕上显示，而不是在交易墙上发布。持续发布未平仓合约将为交易者在交易日提供更多信息。所有这些额外信息在理论上都弥补了在公开叫价向电子市场过渡期间可能丢失的流动性。

我的报告继续指出，场内交易员依赖于观察其他交易员的动作姿势，以确定他们的立场是什么以及他们到底是买家还是卖家。在电子交易中，缺乏这种个人观察机会。为了弥补因缺乏面对面交易而导致的一些流动性损失，我们决定在交易日期间定期提供

电子交易和区块链 过去、现在和未来

有关套期保值和投机活动细分的额外信息。

电子交易的一个优点是可以在更广泛的地理区域内实现对市场的访问。关于投机者来源的数据出现需要一段时间，但是当它出现时，结果并不令人惊讶。从事冷冻浓缩橙汁期货投机交易的人往往生活在种植橙子的地区。同样，从事粮食期货投机交易的人往往生活在中西部。这种倾向是直观的，因为投机者更熟悉他们当地的经济，因此更熟悉他们的本土商品。电子交易的出现有可能改变这种本地化的交易模式。最初，用于电子交易所的电信设备将在旧金山湾区建立，随后可以使用包括芝加哥、洛杉矶和纽约的全国电信网络来补充。这些各地的办事处还可用于宣传交易所，并可为房屋专业交易商以及系统实验站提供空间。

电子系统的另一个重要方面是它能够立即传播交易。市场经常波动。在下订单时，过去由于响应时间延时，参与者无法立即查看价格或买到或卖出的数量。这损害了市场流动性并产生了更高的交易成本。通过第二种的电子方式即时发布市场信息，电子交易将允许套期保值者、投机者和套利者同时在现货或远期市场购买并出售期货，从而解决问题。

电子系统包含六个不同的程序。预交易程序将执行各种关于初始化诸如数量和删除到期合同的功能。有三个程序将在交易日后执行，与结束交易、清算和审计相关。其中第一个涉及接收订单，第二个涉及获取报价，第三个涉及确认交易。

对于项目的技术阶段，我们必须选择最能模仿概念系统流程

介 绍

图的硬件和软件。我们的选择基于对响应时间、系统可靠性和对订单输入错误的控制的考虑。由于 CCARP 团队征求了通用电气和 IBM 公司的提案并进行了成本估算,很明显我们的系统运行成本远远低于公开叫价系统。我很高兴。即使在最糟糕的情况下,如果有一份成功用于电子交易的合约同时有 175 000 笔年度交易量,或者 ADV(平均日交易量)略高于 725 份合约,我们将在第三年盈利。这是一个非常小的交易量。相比之下,利率期货的 ADV 范围从数十万到数百万的合约不等。 在决定交易合同时,我们推荐椰子油期货,其次是棕榈油,然后是冰镇肉鸡。我们认为这些商品中的每一种都可以标准化,价格波动是期货市场的必要条件。

令人奇怪的是,商品监管的演变需要对商品交易所进行监管,而不是对期货交易所进行监管。因为我们选择的产品——椰子油——是一种受监管的商品,所以我们需要美国农业部的商品交易管理局(CEA)来批准电子交易。因此,我们根据 CEA 的要求量身定制了交易所的章程。

1970 年初,我去华盛顿哥伦比亚特区会见了 CEA 负责人 Alex Caldwell 和其他几位美国农业部经济学家。虽然他们对公开表态持谨慎态度,但 Caldwell 和其他经济学家私下里欢迎我们申请成为椰子油期货的合约市场。他们对能够提高监控市场能力的任何事情都感兴趣,而计算机化的系统似乎就是这样。

时间非常紧张。在我们截止日期前一个月,我们六个人狂热地为完成我们的临时报告工作。Barry Sacks 评估了供应商的提案,而我们的研究助理各自都做了自己的工作。最后,经过数百杯咖

电子交易和区块链 过去、现在和未来

啡和太多不眠之夜后,我们完成了报告,并于 1970 年 4 月初将其发送给了我们的支持者。这篇报告长达 132 页。整个文本可以在第 2 章中找到。

在短短 7 个月内,仅仅花费 15 000 美元——相当于 2017 年的 10 万美元——我们创建了一个电子期货交易所的蓝图,该交易所将作为营利性公司运营。从此,商品交易的世界将永远改变。

但后来我发现我们的时间早于我们的时代,这让我很懊恼。不是一点点,而是很多!事实证明这是一个很好的教训。你必须尽早,但不要太早。

David Ware 对报告做出了初步反应,对此表示赞赏的同时也有疑问。然后我打电话给那个在商品俱乐部的领导,他似乎有兴趣进入下一阶段。报告的一个附录包含第二阶段的提案,该提案要求最终确定硬件和软件配置,推荐供应商,并制定第一份合同的规范。下一阶段的目标完成日期定在当年 9 月中旬,预算为 41 525 美元。在接下来的几周里,我与律师商谈了第二阶段的条款。我非常兴奋,脸上带着一种期待的笑容,就像一个高中毕业生收到了他们志愿填报的学院的录取通知书那样高兴。我迫不及待地想要开始。我在床上想着挑战,醒来时又渴望重新思考一下。这令人振奋。在激动的情绪激发下,我握紧拳头,上下移动手臂并比划手势。只需 56 525 美元,即相当于今天约 300 000 美元,我们的团队将提供几份期货合约的最终条款,这是一份交易规则手册,不仅有新合约,而且还嵌入了营利性交易所的架构。旧金山商品俱乐部的成员,即美国银行、FCMS 和农业综合企业,将获得我们提供的运行该电子

介 绍

交易所系统的硬件和软件的最终系统架构和规格说明书。这是一个交钥匙工程，不能没有资金，我对自己说。

然后我接到了电话。我弄错了。不是弄错一点，而是全部弄错。律师的口气很不屑一顾，就像清理桌上的纸片一样。来自爱达荷州的律师宣称这风险太大。该小组决定采用传统的互助型交易所组织模式，坚持旧的、公开的叫价交易方式。

我热切地试图分别给商品俱乐部的主要有影响的人打电话。也许他们不明白。也许他们只是没有意识到美国各地的巨大变化！然而，我低估了这些人是多么厌恶风险。他们一个接一个礼貌地告诉我，这个概念是个太大的赌博。我只能把电话挂筒放回机座，挂断电话。

我真丢脸。我被摧毁了。我在一个书桌抽屉里归档了报告，然后正式向商学院商业和经济研究所，也就是项目款的主管单位提交了一份副本。挂在我脸上的笑容消失了；不情愿地，我被迫将我的精力和专业方向转向金融期货。当我失败时，我会更加坚定。正是在那一刻，利率期货诞生了。

快进 20 年。20 世纪 80 年代后半期迎来了美国期货市场新的一次重大革命的开始——电子交易。这相应地导致了所有主要美国期货交易所的非互助化并进行首次公开募股（IPO）。这种转变并不是因为任何单一交易所刻在石头上的宏伟计划。相反，这种趋势是由欧洲和美国的一系列松散相关且往往是任意的事件驱动的。

电子交易和区块链 过去、现在和未来

美国第一家申请首次公开募股的交易所是芝加哥商品交易所,它于 2002 年 12 月 13 日开始公开交易。当我意识到这是 30 年前我曾在加州大学伯克利分校的 CCARP 上做过工作的后续发展时,我个人对他们申请上市更加感兴趣。

E-Speed 及其董事长 Howard Lutnick 知道知识产权的潜在商业价值,并购买了唯一的电子交易专利。该专利由苏珊·瓦格纳(Susan Wagner)早期开发,并以同名的名称命名为"瓦格纳专利"。在 CFTC 工作后,瓦格纳于 1983 年加入世界能源交易所并申请专利。世界能源交易所在商业上失败了,由世界能源交易所负责人控制的达拉斯公司继承了专利。当芝加哥商品交易所开始转型为电子交易所,并准备首次公开募股时,Howard Lutnick 因专利侵权而被起诉。该诉讼被英国"金融时报"的头版刊登。我的妻子 Ellen 首先发现了它。

"理查德,看看这个标题,"她说,并把那张清晰的报纸递给我。"你过去不是在加州大学伯克利分校做过全电子交易概念吗?"

"是的,"我答应着,啜饮不加糖的伯爵茶。我在想那个研究报告现在在哪儿。

Ellen 是一位艺术家,她已经申请了自己的三维摄影专利,熟悉"已有技术"的概念。我的论文是太平洋商品交易所的原始蓝图,构成了电子交易的"已有技术"的一个例子。这意味着那个电子交易的专利发明因为已有技术存在而无效。

我打电话给加州大学伯克利分校商业和经济研究所,他们是我

们研究的原始赞助商，我想从他们那里拿到一份 CCARP 报告的副本。当听到他们既没有副本也没有报告记录时，我都傻眼了。它已经失踪了。当然，这是一个失误！我又打了好几个电话才找到研究所的主任。他特别努力地追踪研究报告的下落。但他也一无所获。

Ellen 建议，试着在地下室翻找。这是你离开加州大学伯克利分校后存储旧文件的地方。

我的同事 Rafael Marques 和一名实习生离开办公室，在我们公寓楼的昏暗、堆满东西的地下室里寻找。在悬挂在天花板上的裸灯泡的照射下，他们阅读了 40 箱我的研究笔记，来自期刊的原始文章，以及诺贝尔奖获得者对我几十年前起草的论文的评审意见。经过 7 个小时对尘封、发霉的盒子里的资料逐个翻查后，他们什么都没发现。只有当他们开始清理时，Rafael 才发现了报告；它从一个腐烂的盒子中掉出来了。由于流程图与瓦格纳专利有惊人的相似之处，因此很容易识别。

到目前为止，芝加哥商品交易所和芝加哥期货交易所已经进入与 E-Speed 就瓦格纳专利许可进行谈判的最后阶段。对于即将进行的首次公开募股（IPO），他们不想冒险推迟 IPO。他们各自向 E-Speed 支付了 500 万美元的专利许可。纽约商品交易所（NYMEX）是下一个上市的交易所。我打电话给 Vinnie Viola 主席，并约定去拜访他。Vinnie 得到了它。他们希望利用这项研究来对抗瓦格纳专利，理由是该发明应该从未获得专利，因为该电子交易系统已经在公共领域公开。不幸的是，他们提交证据的时间太晚，因此被裁定不可接受。

电子交易和区块链 过去、现在和未来

我认为 CCARP 想法的权利应该由加州大学伯克利分校拥有，所以我打电话给大学的律师，看看他们是否有兴趣获得所有权。他们的法律意见是他们不拥有任何后续专利的权利。我打电话给商学院院长 Rich Lyons 并告诉他我和律师们的讨论。他表示他们会在他们的网站上以电子方式发表这项研究，这一决定令我高兴。研究报告在一段时间里发布在他们的网站上。英国"金融时报"报道了这个故事，很快也被其他媒体转载（见图 2）。例如，财经新闻刊登了一个比较两项研究的故事（图 3）。图 1 是 1970 年"金融时报"关于加州大学伯克利分校研究的原始故事。图 4 并排显示了瓦格纳专利和原始 CCARP 设计的系统流程图。两者极其相似。

除了 CCARP 设计之外，在 20 世纪 80 年代还有其他的开始设计电子交易所的尝试。国际期货交易所（INTEX）是 1984 年 10 月 25 日推出的第一个电子衍生品交易所。我从 CCARP 项目中认识的一个退休美林证券经纪人在百慕大开办了电子交易所。顺便提一下，那个美林证券经纪人恰好与太平洋商品交易所内的人员有密切关系。他接受了我们的营利性电子交易的想法，并试图与一些合作伙伴一起实施。国家期货交易所（INTEX）只能出售一半的会员资格。他们的第一份合约是黄金，他们的营销努力不足以从商品交易所（COMEX，当时是金属的主要交易所市场）获取流量。电子交易技术的优势不足以抵消错误的合约产品选择。最初使用瓦格纳专利的世界能源交易所也失败了。这些例子着重说明了新技术必须与正确的产品和营销相结合。区块链领域的创新者应牢记这一教训。我们稍后会再次介绍这一点。

金融时报 星期四 1970年6月25日

美国商品市场

西部海岸展望期货

特约记者

美国西部地区从来都没有商品交易所，现在突然有计划建两个，一个放在旧金山，一个放在洛杉矶。

第一个是将在10月1日开始运营的位于洛杉矶交易国际商品的西部海岸商品交易所（WCCE）。这个开业的交易所将要交易银、铜、可可和糖的期货合约。因为它不交易美国本地的期货，所以WCCE将不受美国农业部的商品交易规则的监管。

在旧金山，一个提案中的太平洋商品交易所所已经成立，并且加州大学为其准备的可行性分析报告也已获得初步批准。由太平洋商品交易所提交的初始报告，认为在美国西部和太平洋地区建立基于计算机的交易所在经济和技术上都是可行的。

计算机化

第二部分的可行性研究计划于9月15日完成。它将决定交易所是否从私有投资方寻求运营资金的筹措，例如通过出售会员资格或交易所股权来建立一个公有的交易所。

加州大学研究，交易所是第一个基于计算机的电子交易所。它能24小时运营，7天工作。交易员可以在家或办公室通过电信设备远程连接到交易所的中心机房进行交易。

做电子交易研究的加州商品咨询和研究项目是由加州大学伯克利分校管理。理查德·桑德尔教授作为项目总裁认为西部商品交易所可能是"交易所的未来"。他预见的交易所不是公开叫价交易柜台、交易圆盘或交易场地，而是用很多电信设备连接的计算机网络，买卖交易将在不到一秒之内自动执行。他预计在下一个30年，电子交易所将占领目前每年1.44亿美金交易量的商品交易市场。

John Gallwas总裁说可可油将是第一个在太平洋商品交易所交易的期货产品。"如果可可抽期货被证明可信，牛羊可能是下一个。实际的交易开展可能是1970年末或1971年初。"

"这是一个超乎想象的项目。"他说，"计算机可以24小时工作。如果电子期货交易所能这样做，为啥外汇交易所或银行不能这样？"

他指出现在提议的电子交易所的另一个独特的特点，每个人都知道东方人爱做交易，这是第一次，在电信设备和卫星设备的帮助下，东方人可以这么近地接触到交易场地。这带来巨大的外汇交易潜力。太平洋商品交易所的期货交易可以包括加州红酒、番茄酱、金枪鱼、蟹肉，以及日元、澳元、菲律宾币和墨西哥元。"

公开叫价交易所

更传统一点的洛杉矶西海岸商品交易所运营占地13 000平方英尺。它有三个公开叫价交易柜台来交易四种国际商品。计划后续增加第四个公开叫价交易柜台。

该交易所将有500个会员，有100~150个来自美国中西部和东部，其他的来自西部。500个会员的会员费是固定的，而不是采用像大的交易所常用的讨价还价模式定价。第一批50个会员的会员费定在1150美金一位，第二批50个会员的会员费定在1850美元一位，下一个100个会员的会员费定在3450美元一位。最后一批的会员费在5750美元封顶。一位交易所的高级官员说，在三年内，交易所一定会把股权开放给公众。

旧金山的高尔瓦斯先生和西海岸商品交易所的官员都不认为两家交易所在运营上有什么冲突。两家交易所不在同一个市场竞争，一家做本地商品期货，另一家做国际商品期货。

图1　金融时报，1970年6月25日

电子交易和区块链 过去、现在和未来

> **金融时报**
>
> 2002 年 9 月 5 日
>
> 公司和金融——美国：文件会解决专利争端
>
> 伦敦的 Nikki Tait 和纽约的 Mary Chung 报道
>
> 一份 30 年前的文件，在芝加哥的一个地下室被发现，可以为一个大的交易所已花费千万美元的电子交易所专利诉讼提供一个"过去存在的技术"的铁证。
>
> 这个发现能让 Cantor Fitzgerald 的 eSpeed 子公司更难用他们的"瓦格纳"专利去收更多的钱。"瓦格纳"专利是他们在 1990 年申请的一个电子商品交易专利。
>
> 这个发现发生在芝加哥交易所和芝加哥商品交易所分别和 eSpeed 达成的一个 1 500 万美元的庭外和解后的几天。
>
> 但是 Canter 的子公司仍然有一个正在进行的针对纽约商品交易所的诉讼，同时他们还有别的潜在目标。
>
> 被发现的文件是一个 130 页的报告，主要研究在西海岸建立基于计算机的交易所，是由理查德·桑德尔所著，他当时是加州大学伯克利分校的教授。
>
> 该报告详细描述了电子交易所如何工作，其中用的图片和 10 年后苏珊·瓦格纳的专利中的图片极其相似。西海岸的主意甚至在那时的金融时报上报道过。
>
> 桑德尔先生说："毫无疑问，当初我们最早发明了电子交易。"
>
> 虽然他说他相信他的发明和瓦格纳专利基本一样，但他补充他并没有去咨询法律意见。
>
> 桑德尔说，在地下室发现的报告的所有相关知识产权，归属于加州大学。
>
> 有很多关于用"过去存在的技术"来反对瓦格纳专利的可能性，但经办此事的律师去加州大学想找到学校的 PCE 报告，最后并没有成功。
>
> 相关的另一个早期自动交易项目是在 20 世纪 80 年代由非美国公司在百慕大地区实现。
>
> 昨天，芝加哥期货交易所和芝加哥商品交易所都没有对出现的文件做出回应——虽然他们说他们不会重新审查与 eSpeed 的庭外和解。
>
> "我们这样做的原因是希望把整个事情结束，告一段落"，芝加哥期货交易所说。
>
> 昨天，我们想听听 eSpeed 的首席执行官 Howard Lutnick 的意见，但联系不上。McDermott、Will & Emery 的专利律师 Paul Devinsky 说，如果是过去存在的技术，那么瓦格纳专利将无效。
>
> 纽约商品期货交易所的官员说他们将打官司，"我们知道我们有非常大的胜算。"

图 2 　金融时报，2002 年 9 月 5 日

介 绍

电子金融新闻

桑德尔论文可以帮助辩护方

Phillipa Leighton-Jones, 2002 年 11 月 4 日

期货产业受类似的发明冲击

加州大学发布了一个文件,表明自动交易期货早在 1970 年就发明了,比瓦格纳专利早了 20 年。该专利宣布覆盖自动交易领域并且已经为 Canter Fitzgerald 的 eSpeed 公司带来丰厚利润。

文件的发布将对将来和 eSpeed 打官司的有关方面有所帮助。eSpeed 已经对四个用到他们拥有的发明的交易所提出了诉讼。

该文件是由期货交易界的资深人士理查德·桑德尔于 1970 年撰写,于 9 月被发现。然而直到上个月被发布,被 Canter 控告侵犯瓦格纳专利的几家公司却无法用该文件作为反驳证据。

9 月份,纽约商品交易所(NYMEX),作为其中一个侵犯瓦格纳专利的被告,输掉了一个用该文件作为证明 eSpeed 无效的上诉。

纽约商品交易所要求法庭考虑由当时加州大学助理教授桑德尔编写的文件作为 eSpeed 专利无效的电子交易"过去存在的技术"的证据。

桑德尔的 140 页文件描述了如何用计算机来做自动化商品交易。那原先是太平洋商品交易所的蓝图,本来应该是第一个电子商品交易所。那个项目原先叫"加州商品咨询和研究项目(CCARP)"。

该文件比苏珊·瓦格纳的专利要早 20 年。苏珊后面成为商品与期货交易委员会的主任。该委员会是美国的金融衍生品的主要监管部门。苏珊的专利也描述了如何用计算机来完成商品和期货的自动化交易。后面 eSpeed 于 2001 年收购了该专利,并用它来对纽约商品交易所提出诉讼。

纽约商品交易所的案子将会在今年晚些时候进行开庭。纽约商品交易所称桑德尔的文件展示了电子交易是"过去存在的技术"。这就意味着虽然苏珊·瓦格纳可能从来没看过桑德尔的文件,但电子交易的发明人应该是桑德尔,而不是苏珊。这个证据应该使瓦格纳专利无效。

但是,9 月 25 日,Theodore Katz 法官在纽约南区判决桑德尔的文件作为证据不能接受。他认为文件的提交已经超出 7 月份完成所有证据发现的期限。

法官说如果允许这样的一个在期限后提交的证据会导致更长的延误、开支和误判。

图 3 电子金融新闻,2002 年 11 月 4 日

电子交易和区块链 过去、现在和未来

> Katz 还说,"虽然对这个判决不是必要的,但在直到它从一个包装箱里掉出来之前没人能找到,而且是一个写于 1970 年但没有公开出版的可行性研究报告,突然成为纽约商品交易所辩护的重要材料,这让人听起来觉得不靠谱。"
>
> 期货界专家说这两份文件惊人地相似,可以使得 CCARP 项目成为一个未来其他交易所遇到诉讼时的强有力辩护证据。这些交易所包括 Euronext Liffe 和 Eurex。
>
> 瓦格纳专利和 CCARP 项目都有一个假设前提,就是未来场内交易员、场内经纪人以及交易柜台都会被一个中心化的计算机系统所取代。
>
> 交易所会员可以通过调制解调器把他们的交易终端连接到交易系统。其他由交易所提供的功能,像清算、监控、合规和市场信息没有包含在这个中央系统中。但它们可以通过电子通信连接。
>
> 两个文件极为相似,都声称建立用电子交易终端在基于计算机的交易系统进行买卖某些商品期货合约。交易所的计算机将自动地匹配买单和卖单,并将结果信息发给对方、清算中心、合规系统和审计。
>
> 对将来的被告方来说,最重要的问题是桑德尔的文件能否成为"过去存在的技术"。期货产业消息来源说文件中描述的做法和现代电子期货交易有非常相似的地方。
>
> CCARP 项目并不需要寻求有自己的专利来使得瓦格纳专利无效。加州大学伯克利分校的法律顾问说任何潜在的专利权都将失去,因为桑德尔当初在发布文件时没有提交专利保护申请。加州大学伯克利分校说,虽然他们现在出版了该文件,但并不意味着伯克利有这个知识产权。伯克利的消息来源说加州大学不太可能利用该文件做更多的事情。
>
> 但是,桑德尔相信伯克利分校拥有该知识产权。他同时建议他并不适合去追求该文件的法律地位。但他说他很高兴,他当时的研究在个人计算机出现之前,并预见了电子交易的到来——和今天的电子交易所有惊人的相似之处。
>
> 即使桑德尔或伯克利分校不会采取任何行动,期货业界消息来源说上个月出版的该文件,将会是任何 Canter 诉讼对象辩护的支柱性证据。
>
> Katz 法官并没有说该文件不能证明电子交易所是"过去存在的技术",他说纽约商品交易所不允许发传票让桑德尔出庭做证。现在该文件已经出版,其他被告将处于一个更有优势的地位。

图 3　电子金融新闻,2002 年 11 月 4 日(续)

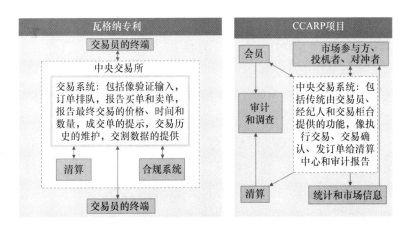

图 4 比较瓦格纳专利和 CCARP 项目设计

来源:美国专利办公室和加州大学伯克利分校。

很长一段时间,瓦格纳专利被埋没和遗忘,就像 1976 年 5 月太平洋商品交易所倒闭后的 CCARP 设计/蓝图一样。一旦电子交易被接受,该专利后来才在 E-Speed 诉讼期间被援引,具有商业可行性。

伦敦国际金融期货交易所(LIFFE)也部分通过股份化进程;他们正在取消公开叫价的方式并转向电子交易。我是 LIFFE 董事会成员以及 LIFFE 主席 Brian Williamson 领导的团队的成员,我们团队挽救了交易所。我还向他们提供了创建电子交易平台 LIFFE Connect 的专利,随后,Brian Williamson 因拯救 LIFFE 并帮助维持伦敦城作为金融中心的工作而被封为爵士。欧洲期货交易所(Eurex)、德国金融期货交易所成功吸引了来自 LIFFE 的德国政府债券期货的所有业务,因为它是一个与 LIFFE 公开叫价系统竞争的电子交易所。作为一个重要的旁白说明,Eurex 实际上是 20

电子交易和区块链 过去、现在和未来

世纪 80 年代末和 90 年代初欧洲电子交易的两位早期领导者的合并——瑞士的 SOFFEX 和德国的 Deutsche Terminboerse（DTB）。他们早期采用电子交易给了他们一个重要的优势。Jörg Franke 和 Andreas Preuss 是这一进程的关键领导者。在 Andreas 在芝加哥期货交易所（CBOT）和 Eurex 的合资公司基于 Eurex 平台工作期间，我和他见面并成为朋友。还有另一个故事。我打电话给 Brian Williamson 提醒他，他们可能会被起诉，而我可以提供帮助。LIFFE 从未被起诉过，也没有任何其他交易所被告侵犯专利。回想起来，我一直想知道谁曾经阅读或关注过 1970 年的 CCARP 报告，以及它为什么失踪了。

直到今天，交易所是营利性和电子化的是不言而喻的。这种趋势发生在 20 世纪 90 年代以来的欧洲以及自 21 世纪以来的美国，即 CCARP 发表后约 30 年。世界技术和公共经济贸易的增长使得市场在营利和电子领域蓬勃发展。

虽然 CCARP 项目的历史仍然保留着过去的一个尚未解开的谜，但故事中有一些电影元素，它继续在我的未来和我随后的职业探险中占有一席之地。

虽然 Eurex 和 LIFFE 证明了这一概念，但芝加哥商品交易所（CME）大约提前了 10 年奠定了完全电子化的基础。芝加哥期货交易所（CBOT）和 CME 参与了争夺道琼斯工业平均指数许可权的竞争性战斗，以便根据该指数推出期货合约。CBOT 赢得了这场战斗。在一次精彩的反击中，CME 宣布推出 e-mini S & P 期货合约，将在其名为 Globex 的电子平台上进行交易。该平台的发展是另

一个故事。这份规模较小的合约旨在吸引较小的公共交易者（散户），这些散户传统上可能会交易道琼斯工业平均指数期货。标准普尔 500 指数期货合约则继续面向机构用户并继续使用人工叫价方式进行交易。CME 把计算机布置在标准普尔 500 期货交易柜台周围。电子订单的交易成本较低，交易员可以通过 e-mini 合约针对人工叫价的标准普尔 500 期货指数进行套利。该策略不仅反击了 CBOT，而且为 CME 成为美国最大的营利性商业模式的电子交易霸主铺平了道路。重点是，产品组合、营利模式和电子交易促使了 CME 成为世界上交易量和市值最大的交易所。但这是另一个故事，其目击者、领导人和主要推动者 Terry Duffy、Jack Sandner 和 Leo Melamed 能更好地讲述了这个故事。

电子交易和营利性交易的原始架构在本书的第 2 章中全文公布。人们不禁想到加密货币及其相关技术（区块链）的原始工作文件又存在哪里。他们只是被隐藏了吗？有些工作也会丢失吗？

从交易大厅的公开叫价模式转变为电子交易催生了自己的魔力和流动性，不受边界和时区的限制。自动电子交换为系统注入了两个新的突出要素：即时完成交易和透明度。类似于在亚马逊或 Ebay 上购买产品，只需按一下按钮即可进行交易。除了其他变化，例如将交易时间延长至几乎全天，还增加了流动性和提高了价格透明度。众所周知，交易大厅公开叫价拍卖的戏剧性嘈杂声音和喧闹性质既花费时间，又包含极大的错误可能性。因此，上述变化导致不亚于一场革命。当陷入嘈杂、混乱的叫价交易柜台，意味着一个激情澎湃的交易员的口头竞标很容易在人群中被"听错"。想象一下，大约300人相邻站在一个八角形的交易柜台，有交易员和经纪人，90%的男性和10%的女性，穿着鲜艳颜色的夹克（红色、绿色和蓝色，反映他们各自的公司），喊出订单，疯狂地打着手势。使用指定的手势信号，他们试图在拥挤的地板上进行目光接触，以确认他们的销售情况，通过朝向外侧的手掌发出信号，或购买，由朝向内侧的手掌发出信号。他们用手指、手和拳头在空中飞舞来进行交谈。

"两个人要价100美元！"一个交易员的喊声响彻交易柜台。"卖给你4手每手100美元。"另一个交易员将价格提高到4手每手103。"卖出！"，卖方⊖尖叫道。交易得到了确认，交易完成了。只过了几秒钟。平均而言，在较慢的市场中，场内交易可能需要几秒钟，而在快速市场中则不到一秒钟。

但是，在快速市场中通知客户可能需要几秒钟或几分钟，而在较慢的市场中需要30min。在20世纪70年代，交易大厅经纪人或订单填单者是清算会员的代理商，如嘉吉公司和康地谷物公司。1975年金融期货推出后，高盛和摩根大通等华尔街巨头加入了交易所，成为执行自营交易的清算会员或作为代理为银行、储蓄和贷款协会、养老基金等服务。人工叫价的交易所交易执行速度缓慢，出现错误的可能性（称为外交易）如此大——从2%~4%——交易者必须在市场开盘前30分钟来交易所澄清他们前个交易日的交易。卖方可能被误认为是买方，100个债券期货合约可能与1 000个混淆。

⊖ 原文是buyer(买方)，这里根据上下文，应该是seller(卖方)，估计是原作者笔误——译者注。

错误可能会损失 1 000 美元、50 000 美元和 500 000 美元。最危险的是错误的买入或卖出。争议解决可能非常多和棘手。随着与电子交易的结合,这些问题都没有了。按键—完成。不存在价格混乱的可能性。当然,总有可能有人碰到了错误的按钮。该系统并非完美无缺,但它明显优于公开叫价。没有人能比 Don Wilson 更好地讲述人工叫价向电子交易过渡的故事。他过去是,并且现在也是如何适应变化的完美典范,他的智慧适合于在两个交易场所中都能取得成功。他在第 3 章分享了他的经历。

然而,转向电子交易并没有完全解决所有问题。即使在过去几十年的所有进展之后,屏幕仍未能完全复制交易者在交易大厅上接触到的信息流。在芝加哥商品交易所(CME),交易员持仓——一份关于未偿还合约数量的报告以及期货和期权市场最重要的信息之一,仅在周五下午基于前一周的周二持有的头寸发布。交易者尚未接触到即时信息。这只是一个例子。每次交易后都可以轻松公布未平仓合约。

第二天结算的事情,还有获得现金的问题仍然很麻烦且费时。经纪人不得不打电话给他们的客户。人们不得不寄钱。支票要花几天时间,银行电汇第二天才到账。虽然电子交易消除了公开叫价市场的低效率,但清算和结算仍未改变。如果我们绘制电子交易概念的开头,那么商业化需要 20 年,而行业需要 30~40 年才能完全采用。

现在

因此一直持续到2008年，仍没有明显的调查或研究来改变清算或结算过程。当年10月，在金融危机期间，人们对负责保护其资产的机构的不信任是原始的，一个匿名程序员——或者可能是一个程序员团队，我们不知道是谁——被认定为中本聪（Satoshi Nakamoto）提出了另一条做业务的路径：数字货币。中本聪在metzdowd.com的密码邮件列表上发表了题为《比特币：一种点对点的电子现金系统》的白皮书，其中推出了一种名为比特币的电子现金支付系统。具有指导性的是神秘的中本聪发表的论文摘要的第一行：

"纯粹的点对点版电子现金将允许在线支付直接从一方发送到另一方而无须通过金融机构……数字签名提供了解决方案的一部分，如果一个值得信赖的第三方仍然需要防止双花，那么电子支付的主要好处就会失去。"中本聪继续解释其解决方案：

"我们建议使用点对点网络解决双花问题。支付网络通过把交易的散列记录在不断增长的基于散列的工作证明链中来给交易打上时间戳，形成一条在不重做工作证明的情况下无法改变的记录"。

引言的第二段讨论了加密证明而不是信任。

"我们需要的是一种基于加密证明而非信任的电子支付系统，允许任何两个愿意的各方直接相互交易而无需可信任的第三方。从计算可行性角度交易不可推翻可以保护卖家免受欺诈，并且可以很容易地实施例行托管机制来保护买家。"中本聪继续说道："在

介 绍

本文中，我们提出了一个解决双花问题的方法，使用点对点对等分布式时间戳服务器，用于生成事务的时间顺序的计算证明。只要诚实的节点共同控制比任何合作的攻击者节点组更多的CPU能力，该系统是安全的。"这是金融和交易领域清算和结算过程的下一波变化。

区块链的过程和潜力最好由无与伦比的Don Tapscott来说明。他在第4章中解释得非常好："加密货币与传统的法定货币不同，因为没有美联储、中央银行或政府财务主管发布或控制其供应。相反，网络本身验证交易，将它们捆绑成一个区块，并将其链接到前一个区块，形成一系列区块——因此，称为区块链。"区块链是其背后技术的名称。

简而言之，区块链是一个会计账本。正如我可以在一个账本中实际记录"Richard从Ellen那儿购买x。"它被称为分布式账本，因为在不同计算机上的任意数量的人都可以做交易并进入此会计框架。

这个数字账本"……由计算机网络同时保存和验证，几乎就像一个共享的Excel文档，没有其他人的同意，任何人都无法改变。"重要的是，它允许在没有像交易清算中心的"信任中介"保证的情况下进行交易。

正如Avi Salzman于2017年7月1日在巴伦周刊上发表的《超越比特币：区块链如何改变银行业》所解释的那样："比特币不仅仅是现金，你可以通过互联网进行交易。不同于传统货币，其供应由中央银行控制,新的比特币大约每10分钟由一个全球计算机网络铸币,并维持不断更新的比特币交易清单(网络本身也称为比特币)……"

"比特币所有者通过密码或'密钥'来访问他们的钱,不需要涉及任何物理令牌。系统用每一交易方输入的密钥来验证交易并在区块中记录它。比特币网络总共只会创造2100万个比特币(截至2017年已经开采了1640万个比特币),因此没有中央政府能够使货币贬值。"

"比特币不是第一个数字或加密货币的想法。在比特币创建之前至少十年,具有自由主义思想的技术爱好者一直梦想发明一种数字代币,使他们能够直接相互交易,从而避免中央银行和监管机构的干扰。然而,早期的努力未能成功。"

2009年1月,中本聪发布了比特币软件,第一个推出比特币网络以及挖出比特币加密货币的第一个单元,称为比特币(bitcoin)。

Don Tapscott 在第4章中解释,中本聪的创新标志着互联网第二个时代的开始,他称之为"价值互联网"。

从2009年到2011年中本聪不时发布消息。然而,这位发明家的身份和传记仍然是一个谜。他只是一个人,一个天才?代码是否太完美,更有可能是团队的产品?一个天才团队?谁知道。比特币从最早概念到实现是否比从CCARP项目到瓦格纳专利的20年相差时间更短?是否会像电子交易那样需要相同的二三十年才能实现全面应用?至少在2017年,我说不是。

介　绍

在中本聪发布比特币的早期，大约2010年，这种虚拟货币就引起了我（作为经济学家）的兴趣，我开始研究它。在阅读了《经济学人》杂志上的一篇文章之后，我越来越感兴趣了，该文章引用了Milton Friedman关于货币供应量稳步增长而非由中央银行决定的想法。有趣的是，经济学家在货币政策中讨论了基于规则发行货币和由官方做主决定货币发行的观点。文章认为，具有有限供应的虚拟货币符合Friedman模型。虽然它讨论了如何使用区块链技术，但我只是在头脑里记了下来，并没有仔细考虑。我继续关注财经媒体上的其他文章，主要关注比特币作为一种投资手段。即便在今天，投资机会也会引起人们的兴趣。然而，我的浓厚的兴趣在于区块链在电子交易生态系统的清算和结算中的什么地方能得到应用，以及如何适应这个生态系统。因此，它仍然是我未来长期探索的问题。

直到机会落到我的脚上。

2014年3月，我飞往博卡拉顿参加期货业协会（FIA）举办的年度国际期货业大会，来自经纪公司、资产管理公司、国际交易所和监管机构的1000多名高级管理人员参加了该会议。此次战略会议聚集了行业领导者及全球期货、期权和清算掉期行业的新星，共同探讨衍生品清算生态系统的现状，建立战略合作伙伴关系，并建立强大的联系。这是"全球交易所交易行业领域的领先战略会议。"虽然会议肯定会提供信息丰富的会议主题，但大部分真正的工作都是在联络交流机会和社交活动中完成的。

电子交易和区块链 过去、现在和未来

那一年也不例外。一个重要的吸引力是每年在博卡拉顿艺术博物馆举办的私人招待会，由 Jane Gladstone 主持。作为我在 ICE 董事会任职多年的朋友，Jane 是并购领域的领导者之一，被彭博评为"……市场和塑造思想与政策"中最具影响力的 50 位参与者之一，我相信 Jane 敏锐的眼光能将人们聚集在一起。在博卡拉顿温暖的春天的夜晚，我没有失望。

受邀者是交易所的首席执行官、CFTC 的主席、期货交易商的负责人、自营交易公司的领导者——业内有权势的人。在那个晴朗的夜晚，我走近长桌，手里拿着一杯霞多丽红酒，然后向我旁边的人介绍我自己。

"Wences Casares，"我身边那位装备精良的男子用完美的、带西班牙语口音的英语说道，握着我的手。"你做什么工作，"我笑着问道。

"我刚刚在帕洛奥图（Palo Alto）创立了一个名为 Xapo 的比特币冷藏库和钱包创业公司，"Wences 说。作为一名专注于技术和金融业务的全球商业经验的技术企业家，Wences 还表示，他是来自阿根廷南端人口稀少地区巴塔哥尼亚的牧场主的儿子，在该地区长大，习惯于远程沟通。他小时候是一名业余无线电操作员。

Palpable 是一位不起眼的对比特币有热情的 40 岁左右的中年人。他显然迷恋于数字货币可能使世界经济更加稳定的可能性。在这里，我也感受到了一些个人共鸣：他的家庭的财务状况遭到了他的祖国阿根廷波动的金融振荡的破坏，包括比索像坐上通货

介 绍

膨胀、通货紧缩和货币贬值的过山车。

Wences 解释说,到目前为止,加密货币过于不稳定,令许多人感到不安。他肯定地说,人们需要取得对它作为一个货币平台的信心,这是一个更友好、更安全的选择。因此,他的公司提供加密货币的冷藏库和钱包的双重保护。

当我兴奋时,我会变得手舞足蹈。我不停地点头,晃动我的手臂。当时就是这样。我的脸上露出开心的笑容,下巴摇晃,手臂晃动。如果你能窥视我的大脑,你可能会看到火花飞舞。

"我的背景是金融期货和排放交易。"

我有些迟疑,有些犹豫抬高自己。

"我发明市场。有时我弄错了,有时我弄对了。"

现在轮到 Wences 开始大笑。"现货和期货市场是博士所要求的,"他打趣道,他明亮的棕色眼睛里闪烁着光芒。"要不我们开始创建一个比特币交易所?"

在 48 小时内,Wences 的邮件邀请已发到我的收件箱中,他问我想在未来几天来参观帕洛奥图的 Xapo 吗? 在一两个星期内,我和我的同事 Rafael 登上了飞往加利福尼亚的飞机。在途中,我考虑了比特币和区块链可能适合电子交易的地方。区块链技术和比特币一样引起了我的兴趣。这是交易后活动的一个新步骤。真正打动我的是最终的清算和所有权转让。Wences 是否正在做一个不同寻常的事情? 受人指控的比特币信徒关于加密货币可能造成向

电子交易和区块链 过去、现在和未来

货币民主化的"飞跃"的观点是否是对的?

出租车驶向 Xapo 办公室的入口处,该办公室横跨 CVS 药房。当我们爬上 40 级楼梯进入一幢没有电梯的建筑物的入口时,我们的眼睛被白色的墙壁所遮挡,上面覆盖着引人注目的涂鸦:一个红色的收银台,上面放着一大堆比特币和美元,"它能收钱"的字样被高挂着。这种视觉和环境与初创时期的小型电子交易公司能产生共鸣。他们也位于药店和希腊餐馆之间。最终,他们发展成为自营交易公司或"支柱商店",使用计算机驱动的策略来进行做市或套利,从而在全球期货和证券交易所提供大量的全球交易量。[我们可以看到 Don Wilson 在第 3 章中讲述他的公司 DRW Trading 的演变,其中有些内容非常接近这个情况。] 公司的街道地址告诉我,这个生意是为了支持一个目标而建立的。它不需要优雅的外部地址或豪华的内饰。在内部,Xapo 感觉就像一家致力于推出成功企业的创业公司,而不是一家庄严的银行。没有 19 世纪的英国画作装饰墙壁,就像英国齐本德尔家具一样。我们走进了一个开放式的工作环境,并注意到装有计算机的简易办公桌。这些办公桌有些被人占用,有些则没有人。一些计算机程序员正在做他们的事情,年龄可能都在 30 岁以下,穿着牛仔裤或卡其裤。没有西装、领带或任何其他装饰。程序员周围有沙弧球桌和乒乓球桌。

那些熟悉的娱乐项目告诉我,这些程序员正在进行大脑马拉松比赛。当他们需要放松心情并冷静下来时,乒乓球和沙弧球就在旁边。激烈的脑力劳动需要轻松的娱乐休息,让一个人的头脑

放松下来，重新梳理思维过程，然后重新开始工作。这些设施专为娱乐程序员量身定制。我感觉很熟悉，而我选择的放松技巧是竞争性国际象棋的数小时比赛。

我和同事 Rafael 交换了心领神会的眼神：这才是真正的事业。在 21 世纪之交向电子交易过渡期间，您可以将这个工作空间放入 60 年代伯克利的创意走廊或芝加哥的自营贸易商店。那时也是充满类似的男女技术团队，在各自领域上编写程序，开辟了一条新的道路。你可以看到、闻到，这才是真正的事业！你甚至可以品尝到即将到来的变化。这就是硅谷的卓越表现。如果有人能破解加密货币和区块链，那就是这个团队。

我曾亲历过电子交易的产生过程；编写程序，穿无领衣服，没有西装，不带领带的员工。我想起在 20 世纪 90 年代，那时我在半夜时分跑到关门的多米诺比萨去给程序员买比萨，那些程序员正为衍生品交易编制风险管理模型并对灾难性风险定价。工作空间的美学和设计、手头的娱乐设施、非正式的性质都高调地宣传了 Xapo 对支持编程创造力的承诺和努力。

在那个明亮通风的空间里，每个人似乎都在加密货币和区块链的新世界中扮演着自己的角色。

Wences 在一个长方形房间的尽头和我及 Rafael 会面。他与我们坐了 90 分钟，详细说明了购买和出售加密货币的人需要保护他们的加密货币资产。我学到了很多关于区块链及其优缺点的知识。在数字世界中，购买或销售比特币的地方被称为钱包。Wences 只

电子交易和区块链 过去、现在和未来

是在建造他称之为世界上最安全的钱包。

在我们全神贯注、热烈的讨论接近尾声时，谈话从技术和商业转向足球。Rafael来自巴西，我们的会议是在2014年FIFA（国际足球联合会）世界杯足球赛举行前三个月召开的。我发现凯萨雷斯对体育运动的专注及热爱和他对工作一样。他在里约热内卢租了一套公寓一个月去看足球。Rafael和Wences他们各自支持的队是竞争对手，他们用西班牙语和葡萄牙语交换了俏皮的互怼，希望最终的比赛可能是阿根廷队与巴西队之间的对决。最终，阿根廷队进入决赛——但输给了德国队。

当我走下40级楼梯时，我对自己说，现在是时候要跳进去买卖比特币了。阅读和学习只能让我走到目前这一步。我必须用自己的钱来冒险才能真正潜心学到真谛。学习真正陷入困境。处于危险之中才能让人的思想集中。

然而，当我发现实际开设比特币账户有多繁琐时，我的热情被浇了一些冷水。为什么要花令人沮丧的5天？我很烦恼，就像一个孩子在挣扎着绑自己的鞋带。为什么这个简单的任务如此复杂？购买和出售3~4个比特币的经历告诉我，加密货币还要好几年才能流行。啊哈！因此我发现了一个新的机会。现在，我亲身理解交易所的必要性，并马上提交了一个在有组织的现货和期货市场上交易比特币的专利。我们这样做了，当我写这篇介绍时，专利局在我女儿Julie 8月10日的生日那天发布了我们的专利申请。比特币新闻接着说，我们是三位发明者中的第一位，并且说"该应用程序本身详细介绍了与衍生品合约相关的数字货币存储的硬

介 绍

件概念。"

它解释说:

"本发明涉及一种促进数字货币交易的方法,该方法包括在电子存储设备或电子注册表上存储一定数量的数字货币;并且将存储设备或电子注册表物理存储在安全的物理存储库中,该存储库不能通过存储设备或电子注册表公开访问,可用于随后的数字货币交付。"

这也是一个持续故事的一部分。我并没有积极投身于开设加密货币的交易所,因为我完全陷入开发一个叫 Ameribor 的新的利率基准的工作而无暇他顾。如果 Libor⊖ 失去了信誉,那么 Ameribor 将作为 Libor 的替代或补充。我们确实在 2015 年底与芝加哥期权交易所(CBOE)合资成立了美国金融交易所。但这是另一本书的另一个故事。

作为一个经济创新者,我不仅被加密货币用于金融衍生品所吸引,而且还被加密货币基于的区块链技术用于其他新金融产品所吸引。区块链对我和世界各地发明者有巨大的潜在影响。知道在某个地方交易成本将被最小化甚至完全消除意味着我们可以发明我们想要的任何东西。

但好的想法并不总是在第一次尝试时能自立。在它的时代真正到来之前,有时一个好主意会跌倒,挣扎爬起来,又再倒下。

⊖ Libor:伦敦利率基准,国际金融市场中基准利率的权威参考,近年来由于其不透明的机制而屡糟市场诟病。——译者注

电子交易和区块链 过去、现在和未来

就像好酒一样，有时它需要时间酝酿。然而，如果这个想法的基本前提是合理的，它可以演变成一个非常重要的产品。有时，像区块链这样的新技术只是为现有或早期的金融产品带来更大动力所需的东西。这里是该过程如何运作的一些传闻证据。

在 20 世纪 70 年代当我完成电子交易报告几个月后，我与加州大学伯克利分校的同事 Robert Goshay 合著了一篇关于如何对冲保险风险的文章。我们认为，再保险市场——简单来说，再保险是由保险公司购买的保险——资金不足，而且保险市场的监管无效，因为它阻碍了市场创新。我们的文章《对再保险期货市场的可行性调查》于 1973 年发表在《商业金融杂志》上。然而，由于我们非正统的方法，或者我不知道的其他一些原因，很少有或根本没有学者或从业者对它感兴趣。

大约 15 年后，我的导师兼朋友 Les Rosenthal 曾担任芝加哥期货交易所（CBOT）董事会主席并且知道我的保险衍生品创意，他曾支持金融期货，并询问我是否认为它仍然可行。我以为是的。通过参与 CBOT，我帮助设计了第一个在 1992 年于交易所上市的巨灾保险期货。但它没有在 CBOT 或其他交易所获得关注。我错了。

它为什么没有成功？成功的期货市场依赖于连续的信息流，导致每日、每周或每月的波动。虽然商品市场、利率和股票都有这种信息流，但地震却没有。（仍然有可能创造出龙卷风和飓风风险的市场。而这种想法可能会再次复苏。）然而，保险衍生品确实启发了其他替代风险转移机制，例如行业损失担保（ILW）、掉期和 CAT 债券。飓风哈维可以为我们提供有关 CAT 债券市场和其他

资本市场金融工具如何有效运作的更多见解，以及对未来其使用普遍性的影响。

CAT 债券是保险证券化的一个例子，它将一系列特定的风险，即与灾难和自然灾害相关的习惯风险，从发行人转移到投资者。投资者承担特定灾难或事件发生的风险，以换取具有吸引力的投资回报率。如果符合条件的灾难或事件发生，投资者将失去他们投资的本金，发行人（通常是保险或再保险公司）会收到这笔钱以弥补损失。

自 1995 年首次实施以来，CAT 债券市场在 1997 年评级机构开始对 CAT 债券发行评级时真正起飞。此后，它们作为保险市场的融资工具获得了发展，"复制"了再保险合同，并且一般都可以看成是这样。CAT 债券可能具有与赔偿触发或指数触发相关的收益，目前代表了与保险相关的证券（ILS）的主要形式。考虑到所有保险或再保险（保险公司购买保险）的 15% 现在由替代风险转移工具涵盖。这里就是区块链技术可以应用的地方，促进了金融创新的发展。

截至 2017 年 8 月撰写本章时，一个私人的 CAT 债券交易使用区块链进行结算。Dom Re IC Limited 发行了 1480 万美元的票据，该票据在 2023 年到期应付，这代表了将再保险合同证券化给 6 个投资者，这些投资者都是 ILS 基金。名为"ILSBlockchain"的私有区块链有效地取代了传统结算系统的作用，提供了点对点手段来管理票据发行的结算。基础合约与美国的风灾风险有关。

电子交易和区块链 过去、现在和未来

已发行的债券现在记录在ILSBlockchain上。这意味着任何二级交易都必须在基于分布式账本技术的系统中注册。这种分布式账本可以把市场开放给更广泛的参与者,这可能会对创建更加稳健和高效的市场产生重大影响。

拟合是区块链的分布式账本功能之间的"匹配",允许在没有中间人的情况下进行结算——以及CAT债券的"触发"方面,无需任何索赔即可触发结算。结算可能只需几秒钟,透明度会以更低的交易成本增加。观察这种趋势是否能持续,或者它是否仍然是昙花一现将是有趣的经历。

区块链应用程序也可能有助于发展现有和新的环境市场。排放权交易在应对气候变化方面的作用将发生重大变化。减轻干旱和不健康的水的影响也是如此。

让我们来谈谈碳抵消的概念以及区块链在促进碳市场中个人、农民、林场主和其他小型参与者的参与方面可能具有的潜在应用。由于区块链技术将注册过程分散化,因此它可能对全球碳信用额的验证、注册和交易均产生巨大影响。请允许我回应Tapscott的话:

"区块链可能是大规模改变人类行为的关键,激励世界各地的人们将碳减排纳入他们的日常活动中。"

令人兴奋的是区块链和环境融资为共同利益而共同努力的前景。虽然我们一直在讨论区块链在保险领域的早期使用以及环境市场的潜力,但金融方面的主要努力已经在进行中。它们无处不在,以至于它们在世界上最负盛名的金融周刊上了封面故事。比特币和

区块链技术都是现在和未来的故事。巴伦（Barron）最近的一篇文章介绍了全球范围内的这些主要工作。以下是文章中的内容：

澳大利亚证券交易所

澳大利亚证券交易所（ASX）的运营者正在考虑用区块链分布式系统取代整个系统进行交易后清算和结算。它处于一个独特的位置。ASX是主要的股票交易所，有澳大利亚国会授予的独家牌照，是澳大利亚唯一的清算所。第一个测试阶段证明了该技术的安全性、速度和可靠性，以及比传统机制更低的操作成本。ASX将在2017年底之前决定是否承诺采用这项技术。如果ASX独家牌照到期，该系统还可以向额外的清算提供商开放。

加拿大银行

在一项名为Project Jasper的企业中，加拿大银行、加拿大支付和加拿大最大的7个银行展示了一种使用分布式账本系统转移和结算中央银行持有的资产的方式，这是中央银行和私营部门开展的第一个区块链共同研究项目。银行将现金抵押品存入加拿大银行持有的账户并收到存托凭证，然后在平台上兑换，并可兑换现金。一份详细介绍该项目表现的白皮书即将发布。

纽约梅隆银行（BK）

纽约梅隆银行一直在使用基于区块链的系统来创建美国国债交易的独立备份分类账。该平台称为经纪交易员服务360或BDS360（Broker Dealer Services 360），仅在内部运行，是一种在系统中断时保护交易记录的廉价方式。BDS360平台自2016年3月开始投入使用，使纽约梅隆银行在采用区块链技术方面领先于其他银行。

戴姆勒公司（DAI德国）

在2017年6月下旬，戴姆勒公司和巴登-符腾堡州银行推出了1亿欧元的一年期公司贷款，使用区块链技术来执行和履行交易的所有部分。根据戴姆勒公司的说法，"整个交易——从Schuldschein期票贷款协议的发起、分流、分配和执行到确认还款和利息支付——都通过区块链技术以数字方式进行。"其他三家德国银行也担任贷方。

北方信托公司（NTRS）

2017年2月，北方信托公司创建了一个区块链，用于管理由总部位于瑞士的Unigestion公司发起的私募股权基金，该基金管理着200亿美元的资产。北方信托公司与IBM公司和格恩西岛当局合作开发区块链，该区块链记录与私募股权交易相关的交易和其他文件——例如，合作伙伴的投资、资本要求以及法律和行政流程——并提供这些交易的中央记录。基金经理、投资者和管理人员可以访问。北方信托公司表示，将会有人工处理交易和更多安全措施。

能源和商品市场发展

BP、Shell和Statoil正在联合开发一个基于区块链的能源数字平台。联盟中还包括Gunvor、Koch Supply & Trading和Mercuria

等交易所，以及 ABN Amro、ING 和 Society Generale 等银行。该平台由一个独立的实体 VAKT 运营。这个平台在 2018 年底投入运营。该平台的目标是建立一个安全、实时的基于区块链的数字平台来管理实际的从录入到结算的能源交易。

几个欧洲的主要燃气交易机构也参与一个用区块链做能源交易的项目。这些公司包括 Eni Trading&Shipping、Total、Gazprom Marketing & Trading、Mercuria、Vattenfall 和 Freepoint。他们用加拿大 BTL 的"Interbit"区块链平台来提供燃气交易对账到结算，以及交易交付。

最后，美国金融交易所（AFX）——他们引领了把区块链技术应用到交易所流程中的趋势。他们将把区块链用在交易前和交易后的所有记录中。从 2018 年夏天起，在 AFX 中产生的交易都将自动记录在一条私有链上。每笔交易的内部数据库将被建立，里面会记录交易活动的时间、量、价格等信息。在交易所的场景里应用区块链，可以获得比传统方式的量、价格、时间等变量之外更多的交易前和交易后的高层次数据。

现在，我想带您梳理一下这本书，并提供一些值得思考的东西。

本书第一章介绍是我在 1969 年进行全电子交易的原创尝试的总结，当时的尝试甚至在个人计算机出现之前。该总结包括那个埋藏 20 年的项目，还包括一项与我的研究异常类似的专利的出现，以及当时和 20 年后出现的一些原创文章（见图 1~图 3）。在本书的第 2 章中全文转载最初的给太平洋商品交易所电子市场初步设计项目的 CCARP 报告（1969 年）。

正如我在本书前面提到的那样，在第 3 章中，DRW 公司的 Don Wilson 分享了他的个人故事，并对市场如何随着时间的推移发展以及新技术和因素可能对未来市场结构演变产生重要影响提出了一些重要的想法。用他的话来说："当然，应用技术来提高市场效率是媒体中关于市场结构演变故事中受人关注的重点文章。从公开叫价到电子期货市场的过渡是一个关键的——而且经常是痛苦的——过渡，我亲身经历（也许是有所贡献）。"Wilson 通过他 28 年职业生涯的镜头描述了事情的变化以及它对行业意味着什么，这一点开始于当时大部分在公开叫价的交易柜台的时间。

在第 4 章中，Tapscott 通过检查金融服务、新商业模式、物联网和点对点电子交易中的案例，提供了他对区块链及其起源和潜力的看法。该章也会提到 Tapscott 与他的儿子 Alex Tapscott 合著畅销书《区块链革命：比特币底层技术如何改变货币、商业和世界》的原因。你会发现这一章是最具启发性和令人兴奋的。

未来

最后一些想法

作为一名经济学家，对创造性活动的研究一直让我着迷。金融创新必须与降低交易成本同时进行。正如诺贝尔奖获得者 Ronald Coase 在其简明但具有纪念意义的文章《公司的本质》（The

介 绍

Nature of the Firm，1937）中所教导我们的那样，由于有交易成本，公司以其现有形式存在。这些成本可以在三个部分中考虑：①信息查找的成本；②合同谈判及缔结合同的成本；③协调的成本。交易所的性质需要略有不同的视角来观察。这里有四个视角：①立法；②监管；③在现有交易所设计新合同或修改现有合同或新产品；④具体合同的细节。公司的性质，以及我所说的市场性质，是通过最小化交易成本来实现的。否则，没有金融创新可以取得成功。新市场或技术的成功并非瞬间完成。标准的本科教科书经常提到，"让我们假设有一个有效的产品市场"，然后用供需曲线来表示。这个例子是由教学原因决定的，不是因为作者相信市场能一下正常运行。建立有效市场通常需要数十年的时间。金融创新只是经济学专业研究发明活动的一部分。

这个是一个理解电子交易发展的有用框架，最近区块链在学术界和现实世界中都被广泛接受。

根据奥地利经济学家 Joseph Schumpeter 的说法，发明活动的过程可分为三个阶段：发明、创新、模仿或复制。新产品或新工艺的诞生被称为发明，创新是商业化阶段，模仿是指其使用变得普遍和广泛复制。

以电子交易为例，"发明"是认识到需要人类交互的交易可以被电子模型取代。该项发明在 CCARP 项目中有所描述，该项目是所有电子交易所的蓝图。该研究之后是瓦格纳专利。本发明活动的时间约为 12 年。7 年后，随着欧洲期货交易所的诞生，创新或这一想法的商业化也随之发生。在进行全面复制之前，花

电子交易和区块链 过去、现在和未来

了10多年的时间。从1970年到2010年，整个周期为35~40年。一代人要发明创新，然后是另一代人进行全面模仿。这个想法的"商业化"已经潜伏了20年。具有讽刺意味的是，创新首先在瑞士和百慕大落地，在这些地方，像诸如"公开叫价"等遗留因素和交易所的合作社的组织形式的历史性质更容易被克服。而另一方面，这些因素是美国公开叫价交易所的长期遗产，是美国最后才完全接受电子交易的原因。这个例子对于区块链的发明周期意味着什么？

我们可以将相同的框架应用于区块链。以比特币的发明和完善区块链（创新）为例，它的起源笼罩在神秘之中。我们甚至不知道发明者是否真的是其声称的人。是个人吗？还是一个协作过程？无论它后面是谁，创新的地方都采用比特币和区块链的形式。我们不知道其演变的轨迹。这是一个为期10年的制作？还是从Haber和Stornetta在1990年夏天一个学术会议上发表，接着在1991年的《密码学期刊》上刊登的一篇学术论文[1]开始，后面Haber和Stornetta联合建立了好像是第一个商业化的区块链公司。该公司聚焦于用链接时间戳权威（Linked Time Stampling Authority，TSA）来提供数字时间戳服务。他们两个声称是区块链发明和创新之父。其中的证据是中本聪引用了他们的3篇论文[2]，而中本聪总共只引用了8篇文章。关于他们在发明区块链方面所扮演的角色将由别人去研究和做决断。一个令人好奇和略带讽刺的事实是，学术界帮助发明了电子交易和区块链。也许这并不是讽刺，而是吹响一个让学者研究大学在大量推出发明和创新所扮演的角色的号角。让我们回到区块链的时间弧度，如果和电子交易的发

展轨迹相同,那么到 2020~2030 年之间才是区块链完全得到应用的时间。如果我们将 1990 年认为是区块链的发明时间,那么整个区块链的发明、创新和复制周期将是 30~40 年。有人估计区块链的发展将会比这个要快。正如 Don Tapscott 在本书的最后一章中所说明的那样,我们现在正在进入创新阶段,区块链这个想法被用于许多应用程序,包括环境,当然还有金融和交易。何时何地能浮现区块链成功商业化的机会?在交易所领域,它会再次发生在美国以外吗?电子交易中见证的模式会重演吗?它似乎会。它会快过电子交易的创新和重演电子交易替代传统交易的故事吗?我冒昧地说是的。

令人感兴趣的是,CCARP 项目发生在个人计算机出现之前,并且 Haber 和 Stornetta 的论文也发表于万维网出现之前。这两个都可以用不是最好的技术实现。如果有更好的技术,创新有可能更快。更多的关于中本聪论文背后的思考过程中的逻辑,我们都需要全部理解。只有那时我们才能更好地理解区块链的发明和创新时间线。

除了 Don Tapscott 之外,本书还汇集了参与金融、电子交易和现在区块链交叉的创新者和从业者。Digital Asset 首席执行官 Blythe Masters 也是气候环境和能源市场的交易员。她的能力令人难以置信,如果她能成为领导这一变革的人,我一点也不会感到惊讶。她在本书前言中清楚地阐述了区块链的潜力:

"安全、共同的交易处理可以消除协调,减少错误,满足监管报告要求,加快结算,降低成本和所需资本,并提供新的商

电子交易和区块链 过去、现在和未来

机。这些不是寻找问题的技术的特征，而是可以解决紧迫的现实世界问题的技术。很少有技术能够靠其炒作而生存，但我真的相信——在金融市场度过了整个职业生涯之后——区块链提供了一次千载难逢的机会来重新思考金融市场的基础设施。"

我们通过 DRW 公司的创始人兼首席执行官 Don Wilson 撰写的章节来了解历史，他经历了从公开叫价到电子市场的过渡。他是这个领域的第一个使用者，并分享他的第一手经验。Don Tapscott 在碳市场上的努力正在从先见者转变为实践者。其他人也会效仿。虽然区块链是实施清算和结算的一种新方法，但它能解决的许多挑战也可以通过当前的数字技术来解决。例如，利用现有技术可以缩短一般以 3 天为单位的结算时间。但重要的是要认识到，有时候一种新技术可以迫使采用一种变革，而没有这种技术这种变革将无从实现。记住一个宝贵教训：永远不要低估新业务方式对推动可能发生的变革的影响。人力资本和金融资本的流动可能会迫使改变是显而易见的。在现有业务中替换遗留方法非常困难。作为一名金融创新者，40 年来的经历一直告诉我，人们宁愿看到他们的机构死亡也不愿意去改变。如果未来加密货币有一席之地，那么它将在即将到来的技术变革中起什么作用？我热切期待着这种变化，并想知道我是否会成为该剧中的演员，或者会以某种小的方式来帮助创作该剧。

就区块链而言，比特币的成功将进一步推动人们采用区块链这种比特币的基础技术。

介 绍

虽然本书专注于底层技术，但这并不意味着我们不承认加密货币本身的革命。当我在 2017 年夏季末的时候写下本书第一章介绍的最终草稿时，我打电话给"比特币的先知"Casares，以了解他对我们所处现状的把脉。截至 2017 年 8 月，有 3500 万用户使用比特币。100 万或更多新用户交易或拥有加密货币。现在有数百种加密货币。以太坊于 2015 年推出，很显然在加密货币中排行第二。正如 Don Tapscott 所指出的那样，"以太坊和比特币不是真正的直接竞争对手，而是朋友。"他在第 4 章进一步指出，2017 年正在成为企业的以太坊年。比特币和其他加密货币继续增长，因为区块链具有独特的性质，包括分布式账本、可信赖的交易对手以及网络的广度和深度。加密货币及其相关技术现阶段就仿佛像青涩的青春期少年准备踏入年轻成年人的阶段。在我看来，它将比电子贸易更快地落地。

在我们的谈话中，Casares 分享说，他认为比特币空间中存在"泡沫"。我也有同感。我认为修正将采取价格下跌的形式。它会通过影响个人加密货币来改变市场。这也会影响这一领域的交流扩散。

这次谈话发生在我在西部的一个牧场假期后，我忍不住想起了 19 世纪 50 年代人的淘金热。黄金被意外发现，然后被"开采"。价格上涨，发了财，数百万人被吸引，并都来到加利福尼亚寻找财富。最终，许多人失败了；不是每个人都能找到黄金。市场变得标准化，只剩下少数几个主要矿工：那些能够更有效、更大规模地做到这一点的人。价值主张成为为淘金热创造的相关服务而非采矿本身。如今，在我们的记忆中更突出的是那些为行业提供服务的人，例如 William Randolph Hearst 或 Levi Strauss。有趣的是，这些人为加州州立大学系统的建立奠定了基础。因此，我们转了一大圈已经又回到了伯克利的大厅。

当我审阅这本书的最终稿并搜索经验教训时，我的脑海里涌现起了自 2014 年在 Boca 与 Casares 共进晚餐以来的变化。据 CoinMarket 称，目前有 1 519 种加密货币，市值为 4290 亿美元。它仍然只占 6~7 万亿美元的黄金市值的一小部分，但在未来 5 年内它将如何变化？它会不会像 1920 年美国 3000 家汽车制造商减少到 3 家那样只有大规模生产技术才能生存下来？如果你用谷歌搜索加密货币，会有 18 000 000 网页有对加密货币引用。而关于区块链的更多：24 000 000。这些文章中的一些数字和内容将来会如何变化？似乎有一个结论可以从过去推断出来。关于加密货币和区块链的当前数据将变得过时，但研究创造性活动的框架可能仍将存在。

正如 Blythe Masters 和 Don Wilson 在各自对本书的贡献中所讨论的那样，从电子交易的转变并不仅仅意味着效率和透明度的提高。它也是发明的重要机会，就像环境市场领域的新产品一样。贡献者似乎同意区块链的新前沿也将在我们可能尚未预期的领域释放价值。虽然这种创新可能发生在美国以外的地方，但"看空"美国的创新能力将是愚蠢的。

最后，提供一些值得思考的素材。即使到本书出版面世，加密货币领域和区块链的创新步伐仍然令人费解。IOTA 是另一种分布式记账系统，是用叫 Tangle 的技术替代传统区块链模型。它提供零费用交易,以及非常适合大规模应用的独特验证流程。随着机器之间的安全通信和支付——也称为"物联网"——变得越来越普遍,它可以找到更广泛的应用场景。另一种加密货币 Ripple 连接金融机构以进行全球支付。名单还在继续,这个领域仍然是敞开的。可持续发明和创新往往取决于学术研究和教学。就像衍生品进入大学课程一样,区块链也是如此。我无法解释加州大学伯克利分校哈斯商学院将区块链引入其课程的喜悦和讽刺("区块链、加密经济学:技术、商业和法律的未来"课程在 2018 年春季提供)。

正如作为市场的学生以前所看到的那样,很多时候第一个产品并不一定是最成功的。取暖油被原油期货合约取代,第一个利率期货合约(GNMA)被长期和 10 年合约取代;第一只股指期货(Value Line)被标准普尔期货取代。名单还在继续。也许这种趋势将在区块链技术中与新的基础和改进发明重复。简单地说,期待改变。当然,最好的还未到来。

在世界各地,电子交易现在无处不在。所有主要交易所都是电子的并以营利为目的。交易成本大幅下降,使市场更加高效和透明。然而,电子交易兴起的影响几乎完全在交易方面。结算和清算仍然以同样的方式进行,我们在这里充满好奇和希望,展望未来。区块链可以弥补这一差距;它可以提供一个集成系统,可以进一步降低交易成本,促进更大的创新。我知道这项创新会给我的朋友兼导师 Ronald Coase 带来一丝笑容。虽然在降低交易成本方面取得了很大进展,但这个难题仍然未知。这是一个创世纪的故事，未来的章节等待续写。谁知道未来会发生什么？历史的巨轮已经在滚动，而我个人，因为看到有中本聪这样一些匿名的发明者，急切地等待着在地平线上看到变化。我想知道，在完成第一次电子交易研究后，他们是否觉得/感觉如此？未来之旅有望成为创造性活动的精彩故事。在数字世界中，在这个勇敢的新世界中有着出色的思想。我恳请他们保留记录并严防丢失。他们的历史将使我们所有人受益。

CCARP 项目
中期报告
—太平洋商品交易所电子市场初步设计

理查德·桑德尔（Richard L.Sandor）

报告目录

前言 / 051

摘要和重点 / 053

介绍 / 054

太平洋商品交易所的组织结构 / 055

拍卖市场对自动交易的适应性 / 077

自动交易系统的设计 / 078

CCARP 项目技术报告 / 087

将在太平洋商品交易所内交易的商品 / 119

CCARP 项目的后续工作 / 121

附录 / 123

附录 A~J / 123~153

前言

加利福尼亚州（简称加州）大宗商品咨询和研究项目于1969年9月1日在加州大学成立。该项目的目的是为太平洋商品交易所设计一个组织结构和交易系统。在过去几个月中，开发了交易组织结构的初步设计；估算了提议组织的收入和成本；开发了自动交易系统的初步设计。许多计算机制造商已经提交了用于实施该系统的设备的初步意见。目前正在进行与确定系统交易规则有关的研究。正在研究自动交易椰子油交易期货的可行性。其他与加州经济相关的商品也被视为期货交易的候选品。

本进度报告中的结果首次表明了建立太平洋商品交易所和自动化交易的可行性。这里报告的结果当然应该被认为是暂定的，在解释调查结果时应该非常谨慎。

Barry H. Sacks 完成了与设计和开发实施自动交易系统所必需的设备配置相关的大部分工作。他作为技术顾问的角色随后将负责包括交易模拟和文件保护方面的工作。他负责编写称为"CCA-RP项目：技术阶段"的部分。

Wayne Goodsell、Don McBride 和 Yakov Grossman 作为研究

电子交易和区块链 过去、现在和未来

助理非常重要。Linda Gakel 在准备和输入本报告方面提供了极大的帮助。

理查德·桑德尔

加州期货咨询和研究项目主任

1970 年 4 月 3 日

摘要和重点

报告已经设计了太平洋商品交易所的初步部门结构。它的特点是结构紧凑,员工人数少。它强调管理交易所业务的专业方法。

计算机化交易似乎在经济上是可行的。唯一的要求是要有年交易量为 175 000 份的单一商品。已经获得了用于实现所设想的系统的初步设备配置提议。计算机化交易的最佳技术仍有待确定。此外,必须确定场内交易者适应自动交易的能力。分析表明,它们是流动性期货市场的重要组成部分,在较不活跃的市场中,它们的作用显然尤为重要。目前对后两个领域的研究使我们有些乐观。CCARP 项目第一阶段的后续部分将专门研究这两个领域,以便做出最终决定。

介绍

加州大宗商品咨询和研究项目于1969年9月1日在加州大学伯克利分校进行。该项目的主要目标是为太平洋商品交易所设计一个组织结构和交易系统。正在研究建立交易所的可行性，并正在研究自动化交易的可能性。本报告的目的是总结项目从1969年9月1日到1970年4月1日的进展情况。原始提案的副本见附录A。进度报告包含有关太平洋商品交易所组织结构的初步设计的具体信息、交易所经营预算的初步估计（不包括资本费用、税收和保险）以及关于自动化交易的经济和技术可行性的进展声明。它还讨论了场内交易者适应计算机交易的可行性。报告最后讨论了CCARP将要进行的后续研究。此外，还详细列出了过去的支出以及完成第一阶段研究的预算要求。

太平洋商品交易所的组织结构

用于设计太平洋商品交易所组织结构的广泛框架一直是基于交易所作为一个系统的概念。系统可以定义为一组相互依赖的对象及其关系。同时还必须检查系统与其运行环境的关系。系统的环境由影响系统的元素以及系统影响的元素组成。开放系统是与环境交换资源、信息等的系统。系统与其环境之间的区别并不总是很清楚。商品交易所尤其如此。可以将组织视为将资源和活动相关联以实现某些目标的系统。组织的设计应使其能够实现与预定目标一致的有效资源分配。特定组织设计的最终选择将来自能够实现系统目标的候选结构。

设计组织结构的第一步是确定组织的目标。一旦确定了目标或目的,就可以开发系统,使这些目标成为组织过程所针对的对象。商品交易所的全球目标是为可行的市场提供一个可以完成现货和期货交易的环境。这个广泛的目标可以分解为可操作的子目标。交易所通过为买家和卖家提供物理环境来提供可行的市场。它还确保满足合约的物理规格，同时保证合约的规格得到满足，并保证市场参与者的财务完整性。公共市场还提供了一种手段，通过它可以将信息传播给个人、公司和政府。该信息可用于私营和公共部门的利益诉求。交易所的正式组织结构可以被视为三个不同的系统：①操作系统，它是一个活动网络，表明为实现组织目标必须完成的操作；②决策系统，包括可被视为组织的管理或政策方面；③连接或链接所有不同活动的信息系统，并提供决策所需的信息。确定了组织的目标后，现在可以设计商品交易的操作系统。该系统将建议一个部门化的结构以及信息系统的基础。

图 1 是商品交易的操作系统的描述。该系统由ⓐ商品投机者或套期保值者买卖的决定触发；或ⓑ由客户意图交付时触发。图 1 表示来自投机者和套期保值者的订单被发送给交易所的成员。然后，这些订单将被传送到交易大厅，经纪人会执行这些订单。订单在交易环中匹配。图 1 还表示标记为"本地人"的成员。该术语是描述场内交易者的另一种方式。他们也是市场的参与者。在完成交易之后，附属信息由清算会员转移到结算所。清算活动负责实现与市场参与者的财务完整性相关的目标。清算所负责通过作为合同双方的中间人来保证参与者能在财务上交付交易。清算协会还收取保证金并维持担保基金。与完成贸易有关的另一项交流活动是传播统计资料。该活动与实现信息分发的目标有关。统计活动包括记录有关交易的信息，并确保将其适当地

传播给成员公司和一般大众。具体而言，该活动包括维护交易产品代号并在市场上发布每日统计数据。该活动还包括收集与交易商品有关的工业信息。这是通过期刊订阅、行业协会的会员资格以获取有线服务传播的信息以及与数据收集相关的其他活动来实现的。此信息也会传播给交易成员和感兴趣的公众。公共关系活动致力于推动投机者和套期保值者使用期货市场。这有助于通过教育和向公众宣传交易所的活动来实现提供可行市场的目标。具体而言，活动包括印刷与正在交易的商品相关的小册子和传单。还可以举办研讨会，目的是指导工业界如何有效利用期货市场。其他活动可能包括在贸易展览会上展现交易所，并通常能提升交易所在相关行业的商誉。该活动还将致力于向新闻媒体分发文章和其他相关信息。订单和调查活动负责实现与合约的财务交付相关的目标。它评估潜在的交易所成员，检查市场参与者的头寸，并且一般来说，遵守维护参与者的完整性以及市场可行性所必需的标准。交易所中的另一个触发机制与商品的实际交付有关。会员通知清算公司他将履行合约义务并交付实物商品。清算协会随后通知称重和检查部门以交付商品，并向市场参与者发出通知，表明将对其合约进行交付。称重和检查活动与确保合同履行所交付商品质量的目标有关，从而有助于保持市场的可行性。具体而言，该部门保存有关仓单登记的适当记录，并负责检查交易所批准的仓库。它还负责与取样、分级等有关的活动。

电子交易和区块链 过去、现在和未来

交易所的操作系统包括交易、清算、称重和检查、统计、公共关系、审计和调查活动。值得注意的是，管理的箴言是依赖任务的互补性而将某些活动分组成单元并在随后成立相应的部门。信息网络将这些活动彼此联系起来。太平洋商品交易所的交易活动将由自动化系统取代，图1中虚线表示的交易大厅将成为一台计算机。已经描述的任务网络或操作系统建议用部门化方案来构建交易所。虽然该方案不一定对应于功能活动，但是这种基本活动单元的特定分组表示与功能活动相关的设计。

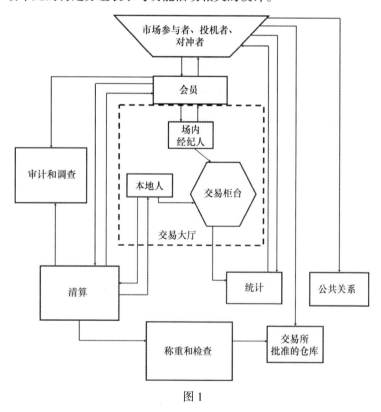

图1

图2是对应于先前已开发的活动网络的传统组织图的表示。基于与组织理论相关的启发式方法也有一些补充介绍。董事会在

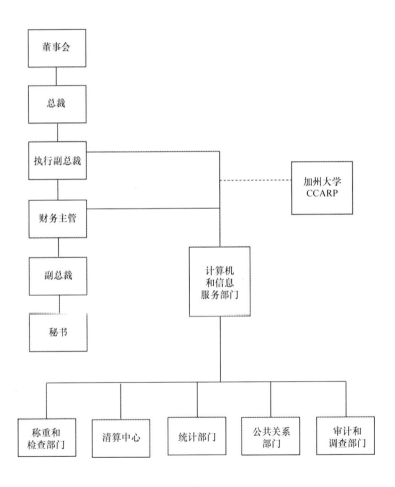

图2

组织结构图处于首席位置。董事会将担任首席决策单位，履行通常与该单位相关的职责。它将负责选择交易所的专业管理。董事会将由12名成员组成，应该有董事会主席、副主席、秘书和财务主管。专业管理层最初由执行副总裁和财务主管组成。财务主管的职责通常与该办公室的职责有关。在交易所的初始阶段，建议总裁、副总裁和秘书在义务工作的基础上服务。拥有这些职位的人基本上是负责启动交易所的负责人。建议将这种义务工作制度只限制在建立交易所所需的时间范围内。在运营的第三年，总裁应由专业管理层取代，副总裁兼秘书的职责应合并到总裁办公室和其他部门。

图2中概述的部门结构对应于前面段落中描述的操作系统。描述为CCARP项目的两个单位和计算机部门的信息服务方面需要进行一些额外的讨论。

组织结构图包含负责CCARP项目的单位。CCARP项目将作为太平洋商品交易所的研究机构。它将研究与商品交易所和自动交易的有效组织设计相关的活动。它还将定期检查特定商品对期货交易的适应性。项目说明及其与交易所沟通的联络见附录A。

组织结构图还包含一个计算机和信息服务部门。该部门与自动交易活动相关联。它负责提供实际可以进行交易的地方。该部门在提供信息服务方面的作用将在随后的有关组织信息系统的章节中讨论。

应该有一个委员会制度来补充太平洋商品交易所的正式组织结构。该委员会在工作人员这一级运作，对交易所进行专业管理，但没有部门层级的权限。部门和委员会将部分沟通。交易所的委员会将由总裁任命，但须经董事会批准。总裁兼执行副总裁将成为所有委员会的当然成员。建议成立以下委员会进行交流：

执行委员会。该委员会由副总裁、财务主管和另外两名董事会成员组成。他们将对交易所的业务、管理团队、财产和事务提供一般监督。他们将向负责交易所运营的专业员工以及供应品和建筑物的管理团队人员提供咨询。他们将根据交易所的利益向董事会提出建议。

财务委员会。该委员会由财务主管、两名董事会成员和另外两名交易所成员组成。财务委员会将为与交易所财务有关的活动提供咨询。他们将帮助筹备预算并为财务主管提供咨询。

提名委员会。该委员会由七名交易所成员组成。目的是提名董事会候选人。

会员委员会。该委员会由三名董事会成员和两名交易所会员组成。该委员会将有一个员工负责与审计和调查部门接触。该委员会将为审计和调查部门在选举会员、法律申请和会员资格专业方面提供咨询意见。该委员会负责面试和评判潜在的会员申请。

法规委员会。该委员会由四名董事会成员组成。它将为管理人员提供咨询。另外，它将考虑为法规提出修改增补，同时提交建议给管理人员和董事会的董事们。

公关委员会。该委员会由一名董事会成员和五名交易所会员组成。它将为交易所的公关部门提供咨询,同时提供交易所活动方面的信息,向媒体提供推荐信息,同时提供宣传页印制和发行的咨询。

信息和统计委员会。该委员会由一名董事会成员和四名交易所会员组成。该委员会给交易所的统计部门提供咨询。它将讨论关于给会员提供市场报告和交易产品的基础信息的政策问题。它也将提供关于哪些统计记录需要保存的建议。

佣金委员会。该委员会将由一名董事会成员和四名交易所会员组成。该委员会将给管理人员提供关于佣金的法规问题的咨询,同时考虑投诉和违规佣金等问题。

仲裁委员会。该委员会由一名董事会成员和四名交易所会员组成。该委员会将解决由会员或者非会员、仓库等提交的纠纷。该委员会将在这一特定领域开展工作,并解决会员资格申请失败的投诉。

申诉委员会。该委员会由七名交易所会员组成。该委员会的目的是聆听对仲裁委员会仲裁的申诉。该委员会也将有一个运营该领域业务的角色。

管控委员会。该委员会由三名交易所会员组成。它将为财务主管从会员那里获取有关其活动以及他们的客户的头寸和账户的信息提供咨询。委员会将建议何时应当召集交易所会员及其记录进行调查,何时有可能危及交易所的运作,以及给交易所管理团队提供关于一般性会员违规或法规被破坏的相关的咨询。该委员会将开始运作,并将努力通过咨询纠正违规行为。如果无法进行更正,它将向董事会报告调查结果。

公共行为委员会。该委员会由三名董事会成员和三名交换成员组成。它将就交易所会员的一般行为向工作人员提供咨询。它将听取对投诉、欺诈等的调查或可能对交易有害的其他活动并提出建议。

仓库采样、分级和称重委员会。该委员会由一名董事会成员和四名交易所会员组成。它将提出与仓库采样、分级和称重部门的活动有关的建议。它还将评估投诉并提出建议。它将控制和提出有关商品存储和交付的材料的建议。

商品委员会。该委员会由一名董事会成员和四名交易所会员组成。交易所交易的每种商品都会有一个委员会来管理。它将就特定商品的交易提出建议。

新产品委员会。该委员会由一名董事会成员和五名交易所会员组成。它将就适用于期货交易的商品向 CCARP 提供咨询。

CCARP 联络委员会。该委员会由一名董事会成员和一名高管人员组成。该委员会将作为交易所与 CCARP 之间的协调单位。它将与项目合作实现其目标。委员会还将确保研究活动与项目的原始目的和目标一致。

部门化结构对信息系统有一定的影响。活动单位通过聚合任务来定义，以获得与专业化相关的效率。但是，重要的是要强调这意味着需要一个定义明确的信息系统。当存在由不同活动单位完成的子目标时，将存在协调问题。只要在信息处理系统允许的处理能力范围内，有必要使任务设计得尽可能全面。与其直接将需要从其他单位获得信息的每个单位链接起来，我们建议通过信息系统使得各单位能协同。计算机的任务可以提供所有其他部门共同使用的数据库。例如，统计部门可以在计算机上绘制各种统计报告。审计和调查部门可以使用执行其功能所必需的信息，例如，检查员工的职位等。称重和检查部门可以从计算机和信息服务部门获得有关交付通知的适当通知。清算中心还可以获得执行其功能所必需的信息。随着自动交易系统的发展，将开发每个部门所需分布的详细信息。目前正在研究各部门所需信息的性质。

需要强调的是，用于设计交易所部门化和信息系统的系统方法与传统的组织理论并不矛盾。通过功能活动构建部门是一种可接受和值得推荐的做法。传统理论还包括根据目的、地点或客户组织部门。但是，功能专业化有助于强调组织的基本活动。这类似于活动网络采取的方法。部门职能被重点突出并放置在组织方案中的重要位置。这允许与专业化相关的经济利益并利用不同个人的专业技能。基本活动以这种方式组合以便用于多种目的。部门的组织结构也允许相对较小的子单位。这符合传统组织理论的原则。权力机构被指定为子单位，以便他们能有效地履行其责任。如果伴随信息系统提供协调，则这些单位可以半自治方式运行。必须由中央单位提供服务的安排给计算机和信息服务部门带来了巨大的责任。根据前面所述原则的含义是，该部门必须有责任和权力履行其职能。

这种对部门化结构和信息系统的广泛看法认识到商品交易的多重目标的性质。通过使用这种设计方法，希望开发出能够有效提供交易所必须生成的服务的组织结构。推荐的系统肯定与其他交易所的部门结构一致。主要研究人员访问了其他交易所，并研究了其章程和规则以及操作方法。主要交易所的组织结构图见附录C。太平洋商品交易所的部门和专业化单位与其他交易所类似。其他交易所也有清算、统计、公共关系、称重和检查、审计和调查部门。提议结构的差异基本上是重点之一。组织理论的一个主要格言是权力应该与责任相匹配的概念。大多数现有的交易所提供的结构将权力交给委员会，并把责任交给交易所的专业管理团队手里。太平洋商品交易所的设计试图在某种程度上重新调整这一点。人们认识到，交易所会员是该系统不可分割的一部分。虽然它们传统上不执行某些功能任务，但它们是提供市场可运行的机制的一部分。交易所的本地会员提供必要的流动性，使市场真正发挥作用。虽然他们不能被视为公司的员工，但在设计交易所的组织结构时必须注意他们作为"做市商"的角色。因此，应该考虑到会员在交易所组织结构中的作用的权力和责任匹配的格言。由于他们实际上有做市的责任，他们必须有权执行这一任务。这种权力的分配是通过他们在委员会中的角色，作为政策顾问，以及他们在某些例如会员委员会等方面的业务工作来建议的。但是，称重、统计等功能方面不是必然属于会员的责任。因此，他们在这些活动中的作用及其具体操作当然应该受到限制。

建议的组织结构在董事会董事组成上也不同于现有交易所。建议董事会担任决策角色，而不是担任业务角色。这与其他商品交易所的结构不一致，但与大多数美国公司的结构一致。运营董事会严重限制开发交易所长期成功所必需的复杂管理的能力。

交易所的完整描述还包含决策系统的设计。决策系统包括用于操作交易所的决策规则。每个运营部门都可以被视为决策中心。决策中心和决策规则构成决策系统。该项目进行了与确定准备交易所运营预算所需服务价格有关的研究。这包括交易费、结算费、启动费等。尚未制定与估算交易所运营预算不必要的会员资本要求等相关的决策规则。后一领域的研究已经开始，并将在研究的初始阶段继续进行。

已制定的部门结构和决策规则可用于制定太平洋商品交易所的运营预算。交易所征收的费用是根据现行行业模式确定的。通过广泛的实证调查获得了与各部门正常运作有关的可行费用。因此，可以组合信息并确定操作和决策系统的预算影响。

表1是太平洋商品交易所的预计运营预算。将简要讨论不同的部门。在开始之前应该指出，不存在清算协会及计算机和信息服务部门可能是独立公司的可能性。清算公司作为一个独立的实体有着悠久的历史。通过确保合同的财务完整性，他们促进了流动市场的发展。在计算机交易中，数据处理单元的作用显然是巨大的。它代表交易所的整个信息系统，因此可能必须作为单独的公司实体包括在内。在确定此事项时，法律和财务方面的考虑可能很重要。

CCARP 项目：中期报告

表1 运营收入

	第一年	第二年	第三年
启动费用 −1 000 美元/会员		25 000 美元	25 000 美元
(基于5%的500个初始会员)			
税			
企业会员费 −500 美元/企业/年	25 000 美元	25 000	25 000
(50 个企业-3年)			
合伙人费 −450 美元/合伙人/年	22 500	22 500	22 500
(50 个合伙人-3年)			
个人费 −400 美元/个人/年	140 000	160 000	160 000
第一年−350个人/第二年−400个人/			
第三年−400个人			
交易所费用			
第一年 − 16 000 × 2.0625	33 000	412 440	1 031 200
第二年 − 200 000 × "			
第三年 − 500 000 × "			
清算公司			
投资收入(不计复利)	245 000	245 000	245 000
100 清算会员 × 15 000 × 7%			
400 清算会员 × 5 000 × 7%			
清算费用			
第一年 − 16 000 × 1.11875	17 900	223 800	559 400
第二年 − 200 000 × "			
第三年 − 500 000 × "			
数据处理与统计			
线路终端费用	60 000	60 000	60 000
通信费	185 000	365 000	545 000
称重与检查			
仓库牌照	600	600	600
1、2、3年 6@100 美元			
称重			
1年 − 45 手 @16.50 美元/手	742	4 950	12 375
2年 − 300 手 @ "			
3年 − 750 手 @ "			
抽样			
1年 − 45 手 @10.50 美元/手	472	3 150	7 815
2年 − 300 手 @ "			
3年 − 750 手 @ "			
总收入(假设4成功)	725 214 美元	1 542 440 美元	2 688 950 美元

电子交易和区块链 过去、现在和未来

运营支出

部门	第一年	第二年	第三年
公共关系			
工资(2名员工：经理、助理)	21 000美元	22 000美元	24 000美元
租金、水电费(400平方英尺)⊖	3 100	3 100	3 100
研讨会	20 000	20 000	20 000
邮寄、写稿、新闻发布	36 000	36 000	36 000
贸易杂志、支出	50 000	50 000	50 000
小计	130 100美元	131 100美元	133 100美元
调查和审计			
工资(2名员工：管理员、员工)	18 000美元	19 000美元	21 000美元
租金、水电费(400平方英尺)	3 100	3 100	3 100
调查组		2 125	2 125
2年 – 25个新会员 @ 585美元			
3年 – " " " "			
小计	21 100美元	24 225美元	26 225美元
行政(执行副总裁办公室)			
工资(3名员工：执行副总裁、财务总监、助理，第3年，总裁)	40 000美元	41 000美元	68 000美元
租金、水电费(700平方英尺)	5 500	5 500	6 000
消耗品	4 000	4 000	4 000
电话	5 000	5 500	6 000
税	11 000	12 000	13 000
杂项(其他常用开支)	10 000	11 000	12 000
加州大学*			100 000
外部服务(法务和会计)	16 000	16 000	16 000
小计	91 500美元	95 000美元	225 000美元

*加州大学的开支假设CCARP项目里交易所头两年的运营成本的资金将来自资本金投入，后续的投资将基于交易所收入的10%，最少4000美元，最多不超过100000美元。

	第一年	第二年	第三年
统计			
工资(3名员工：统计员、助理统计员、助理)	27 000美元	28 500美元	30 000美元
租金、水电费	3 100	3 100	3 100
打印和文具(320页报告/年/商品；4页报告；1000份副本 @ 0.05美元/副本)	10 000	22 000	26 000

⊖ 1英尺 =0.3048 米，后同。

CCARP 项目：中期报告

邮寄费(256封邮件，1000份副本@ 3.8美分)	9 000	10 000	10 500
收到电报	2 000	2 000	2 000
有线电视			
1. 路透社	2 340	2 340	2 340
2. CMS	2 100	2 100	2 100
(道琼斯股票代号)	2 400	2 400	2 400
订阅	250	250	250
协会会员费	1 000	1 000	1 000
小计	59 190美元	73 690美元	79 690美元
称重和检查			
工资(2名员工：经理、秘书)	16 000美元	17 500美元	19 000美元
租金(400平方英尺)	3 100	3 100	3 100
应付(30交付/年，第一年)；	720	4 800	12 000
200 交付/年，第二年；500交付/年，			
第三年；$1\text{-}\frac{1}{2}$ 车/交付，16.00/车)			
检查和抽样(10美元/车)	450	3 000	6 500
小计	20 270美元	28 400美元	41 600美元
清算工资			
2名员工(经理、助理)			
工资	18 000美元	19 000美元	20 000美元
租金和水电费(400平方英尺)	3 100	3 100	3 100
其他供应品	2 000	2 000	2 000
小计	23 100美元	24 100美元	25 100美元
数据处理：计算机和信息服务			
7名员工(经理/分析师、2名程序员、			
2名操作员、1名数据录入员)			
工资	51 000美元	54 000美元	54 000美元
租金和水电费(1200平方英尺)	9 400	9 400	9 400
消耗品(表格、卡片、磁带)	3 500	3 500	3 500
维修	5 000	6 000	7 000
电话和终端线路	60 000	60 000	60 000
(50美元/调制解调器/会员，100名会员/第一年，			
200会员第二年)			
设备租赁	420 000	420 000	420 000
电话(150美金/调制解调器/会员	180 000	360 000	540 000
第一年 – 100			
第二年 – 200			
第三年 – 300			
小计	728 900美元	912 900美元	1 093 900美元
总支出	1 074 140美元	1 289 415美元	1 624 618美元

电子交易和区块链 过去、现在和未来

计算机和信息服务部门

该部门占交易所费用的约 45%。该部门由六名员工组成：一名系统分析师、两名程序员、两名操作员和一名打字员。该部门的预算支出主要是工资和电话终端线路。由于计费方便，这些费用将先由交易所承担，交易所随后将向会员收费。已经为 1200 平方英尺的空间提供了补贴，随后又建立了公用设施租金。消耗品成本是根据其他交易所的 EDP 部门估算的，这些部门对磁带、卡片和表格做出了假设。还增加了维修和保养津贴。这个数字可能会包含在设备租赁的财务数据中。设备租赁数字是暂定的，并且基于提交的提案的最高价值。

公共关系部门

该部门由两名员工组成：一名经理和一名秘书。经理应该是能娴熟和媒体打交道的人。该部门可以有 400 平方英尺的运营场地，根据这个可以获得租金和水电估算。假设每年将举办 20 场研讨会，大约 1 000 美元用于推广合同。此外，估计 36 000 美元用于外部公关公司的服务（包括展台布局方案设计、新闻稿、写作等）。贸易和新闻广告也有 50 000 美元的补贴。业内其他交易所的经验表明，该部门肯定会对任何合同的成败起到至关重要的作用。这是大笔支出的基本原理。

统计部门

统计部门由三名员工组成:一名统计员、一名助理统计员和一名秘书。假设每种商品每年有 320 份报告,我们来估计印刷和文具费用。每份报告将有四页,包括每日报告、每周报告、月度报告、半年报告和年度报告。我们通过假设每份报告需要 1 000 个副本,每个副本的成本是 5 美分,来估算总支出。这可以使用抵扣过程来实现。该部门的主要费用包括定期收集信息和统计数据产生的费用。因此,已经制定了收集电传、电报、商品代码、订阅和贸易组织成员资格的支出。

称重和检查部门

该部门由两名员工组成:一名经理和一名秘书。建议将该部门职能简单地定为监督必须执行的任何称重检查、分级和取样等服务的监督员。该部门的经理将确保这些服务被执行并发布相应的文档。在将来的某个时间,在内部建立这些服务功能可能是明智之举。

审计和调查部门

该部门由三名员工组成:一名主管、一名助理主管和一名秘书文员兼打字员。它负责确定新会员的财务状况以及对市场的持续监督。费用主要是工资。按照约 500 平方英尺的空间来估算租金和水电费。会员服务估计是基于这样的假设：第一年将有100名新会员，第二年将有25名新会员需要进行调查。购买所有Dunn和Bradstreet报告等外部信息将需要每次约85美元的调查费用。

清算公司

清算公司由两名员工组成：一名经理和一名秘书文员兼打字员。费用包括工资、租金和水电费。由于几乎所有的操作都将由计算机和信息服务部门完成，因此这里的费用很少。员工在做欠债催收等方面的工作将是唯一有成本的地方。

交易所的管理人员

交易所的初始设计提供两个专业管理职位：执行副总裁和财务主管。执行副总裁办公室的开支将主要包括工资、租金、消耗用品和电话费用。执行副总裁将和别人共用一个秘书文员兼打字员。

财务主管

财务主管将负责交易所的所有财务方面。该单位将由相当于1.5名雇员组成。支出的主要部分是薪金，其余部分由租金、水电费、材料费和电话费组成。假设此职位的人最初将拥有助理财务主管的头衔。可以聘请会计师来执行此功能。

在大多数情况下，假设交易所会聘请经理人负责各部门的运营。根据随后的表现可能决定谁能晋升为副总裁。

附录 E 记录在估算所有支出时使用的特定费用和收费。该附录还包含额外预算和各种有关汇率的假设。在这一点上，有趣的是要考虑预算中的一些亮点。再强调一次，指出公共关系和统计部门的建议支出相对较高比较重要。然而，这种模式遵循芝加哥商品交易所的模式。据信，他们在这一领域的支出是该交易所目前成功的部分原因。预算是针对三种不同情况制定的。交易量假设基于对太平洋商品交易所交易的商品将复制冷冻浓缩橙汁的历史模式的预测。之所以选择这种期货合约产品，是因为它最近已经推出并且只取得了一般性的成功。我们不想选择非常成功的商品，因为会出现过于乐观的偏见结果。收入是使用附录 D 中指出的费用计算得到的。各种类别的交易量划分是从芝加哥商品交易所的样本数据中获得的。这些数据将在后面讨论。表 2 是三种不同假设下的预测的概要。第一组数据假设太平洋商品交易所将每六个月推出一种商品。如果所有四种商品都与冷冻浓缩橙汁的历史相同，那么交易所的运营利润将在运营的第三年中获得扣除资本费、税金和保险外的 1 064 332 美元。第二个假设是引入了四种商品，并且在运营的第 6 个月和第 18 个月引入的商品在一年后失效。在这种特殊情况下，交易所运营的第三年将在资本费、税金和保险费之前获得 359 092 美元的营业利润。最后的假设是，引入的第一个商品重复了冷冻浓缩橙汁的模式，第二个、第三个和第四个引入的商品都失败了。在这种特殊情况下,商品交易所在资本费、税收和保险之前的营业利润为 72 775 美元。前面的不同假设似乎表明,在各种情况下,有一个合理的基础可以相信自动交易的交易所在经济上是有可行性的。如果只是成功交易单一的商品,年产量为 160 000 份合约,或相当于每日平均交易 666 份合约就足够能获得利润。有趣的是,太平洋商品交易所有会员费和合约费,包括交易费和结算费,按行业标准和初步研究结果似乎很可行。值得注意的是,太平洋商品交易所 21 名员工的人数仅比行业中的小型交易所的人员多两名。

为了实现会员的必要冗余备份,交换机可能需要具有多个可用的电信设备。预算不包含任何这种意外事故的成本。

表 2　损益表

	收入	支出	利润
4 成功			
第一年	725 214	1 074 140	(348 426)
第二年	1 542 440	1 289 415	253 525
第三年	2 688 950	2 624 618	1 064 332
2 成功			
第一年	725 214	1 074 140	(348 426)
第二年	1 349 060	1 234 075	114 985
第三年	1 963 927	1 604 835	359 092
1 成功			
第一年	725 214	1 074 140	(348 426)
第二年	1 316 725	1 208 685	108 040
第三年	1 593 130	1 520 355	72 775

同样重要的是要强调,以前的预算不包括资本费、税收和保险。在确定计算机系统的性质之前,不可能估计与计划有关的资本支出和启动费用等。我们已经就必要的资本支出和与筹集多少

初始资金有关的问题做了一些研究工作。在这方面，该项目一直在研究确定最佳价格和席位数的问题。

此外，还正在研究会员资格的最终要求。清算会员资格的数量也必须确定。我们已收集过去 10 年来所有主要交易所的席位价格。决定是否可以通过使用交易量滞后 3 个月作为解释变量的模型来解释价格。以可可交易所为例。获得以下回归。

$$座位价格 = 0.56 \times 交易量 \quad r^2 = 0.262$$
$$(0.02)$$

回归表明，每月 10 000 份合约交易量的商品交易所产生的席位价格约为 5 600 美元。这不是需求曲线，所以我们不能按这个逻辑去推断如果我们有这个交易量和商品，那么席位价格将会是价钱。但是，它确实表明单个席位会以该价格转手。在访问几个交易所时，这个数字用于非正式调查，以确定交易商和投机者是否会以此价格购买席位。它似乎是合理的，并且最初可能以这个价格出售席位。此外，在出售这些席位时应采用正式称为价格歧视的策略。

这将要求清算会员购买多于 1 个的席位。此外，可能还需要合伙企业和公司也必须购买不同数量的席位。当然，个人会属于另一类。这是基于这样的假设：这些群体中实际上存在着对交易所席位的不同需求曲线。这种方法可以让人有效地向不同人收取参与市场权利的不同价格。还必须确定要出售的席位数量。出于技术方面的考虑，最初将席位限制在 500 个。已经假定这将是销售的数量，尽管在确定之前需要进一步调查。后一个数字肯定和后一个价格一样可行。在审查了各种交易所之后，还观察到

10%~20%的交易所会员为清算公司。确定交易所中有多少清算会员,取决于财务负责人的数量以及与需求和最优性相关的其他考虑因素。但是,在这种情况下,拥有100个清算会员是可行的。因此,这些数字已被用于估算太平洋商品交易所预算的相对部分。要出售的座位数量以及座位价格的财务决定当然可能取决于项目目前无法获得的因素和信息,例如:交易所的资本要求。

拍卖市场对自动交易的适应性

除了开发自动交易的经济可行性之外,还必须考虑其他因素。这些主要涉及市场参与者使其交易技术和方法适应自动交易的能力。设计市场是非常重要的,以便当地的交易商被吸引到市场中。

为了分析这些市场的重要性,数据来自一家领先的商品交易所。样本包括一个月的所有商品交易。记录下列细分活动:ⓐ交易所会员的微小投机套利交易,0.348;ⓑ未在场内执行的会员交易,0.122;ⓒ非会员的日间交易,0.108;ⓓ非会员的其他交易,0.378。上述百分比未表明的交易余额包括跨式期权的第二部分。无法确定这些如何在上述类别中分配。从上面的数字可以看出某些事实。据观察,47%的市场份额可归因于交易所会员。此外,作为场内交易者的会员在市场上提供了大量的日常流动性。可以推断,缺乏这种流动性不仅会导致直接归因于他们的数量减少,而且会导致其他类别的额外损失。非会员的交易日没有为现有市场提供足够的流动性。因此,自动交易必须找到一种方法来保持当地交易者进入市场和/或增加当日交易量。

后续章节中描述的系统设计有望为当地交易者提供媒体。这方面将在下一节中更全面地讨论。

自动交易系统的设计

图 3 中的流程图是太平洋商品交易所自动交易和清算系统的初步示意图。该系统旨在达到提供完美交易机制的目的。它还可以作为交易本身的信息系统。为此，每个部门的信息都保存在文件中。他们定期可以获得做出决定所需的必要数据。例如，清算公司将使其所有活动完全自动化，计算机输出的结果将有效地降低清算协会的大量操作层面上的人工工作。审计计划将为审计和调查部门提供必要的信息，以便他们完成任务。基础信息文件将由统计部门更新，并为部门提供信息存储机制。清算程序将发布与称量和检查相关的报告，从而为该部门提供帮助。清算人员和审计员可以根据统计文件来完成交易所管理层关于设立交易费、清算费等的政策决定。计算机和信息服务部门将作为协调机构，从各部门获取必要的信息，并不断更新文件，以便实现部门职能。设计的系统最初将能够交易单个商品的 8 个选项。硬件和软件将具有足够的灵活性，因此可以轻松添加 9 个附加商品，每个商品有 8 个选项。重要的是要指出图 1 中的系统流程图仍然是系统的初步描述。随后将进行改进和补充。

系统描述

图3中的系统流程图表示自动交易系统的主要功能和活动。罗马数字表示直接访问文件，阿拉伯数字表示程序，英文字

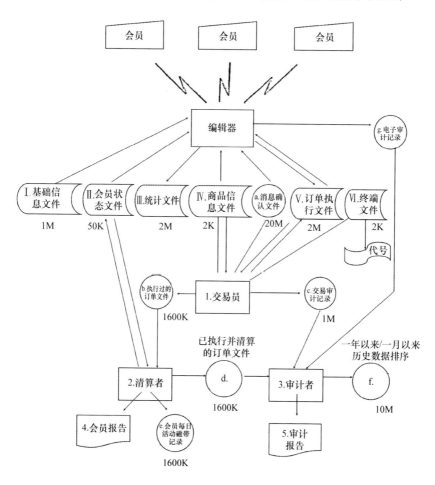

图3

母表示顺序文件。该系统包含六个不同的程序。有两个系统不在流程图中。其中有一个预交易程序，它执行与初始化诸如交易量、删除到期合约等参数值相关的各种功能。另有三个在交易日后执行相关任务的程序也不在其中。这些与结算、清算和审计有关。后者的设计面向可靠性。信息存储在与系统分开的顺序文件中。这些数据将在需要时保留并可用。此时，还无法指定交易前或交易后程序的大小。

在交易过程中，有两个不断执行的程序：一个程序的功能是编辑；另一个程序的功能是交易。编辑负责接收会员的信息。它执行的通信有几种类型：第一个与接收订单有关；第二个与获取报价有关；第三个与确认交易有关。目前无法指定此程序的大小。交易程序本质上是一种算法，旨在匹配和完善交易。该程序的规模目前还不得而知。编辑和交易者将并行执行，但前者优先。

为了使编辑器和交易程序能够运行，必须创建和引用某些文件。编辑必须从商品信息文件中获取信息才能接受订单。该文件将描述商品的各种特征，并且必须存储大约 2 000 个字符。该文件可以保存在磁带上，并且在预交易程序的操作期间被读入核心系统并在那里存储一个交易日。在交易日结束时，它可以更新，以便能用于下一代交易。编辑还必须咨询会员档案。编辑器将访问此文件以验证成员的身份等。它将存储大约 50 000 个字符。编辑器将创建一个顺序的统计文件。该文件将简单记录会员所放置的不同类型的查询和订单。系统还包含执行订单文件。此文件由编辑器创建和引用，并由交易者按部分、按商品进行读取。当交易者使用该文件的任何部分时，其他部分必须不能被其他功能访问。在某些情况下，例如跨式期权，几个部分中的订单可以彼此链接。该文件可以分为六个不同的单元；一种用于商品的每种不同选择。此文件最多可存储400万个字符。交易者执行其功能后，将创建确认交易的顺序文件。编辑器将引用此文件并使用该文件发送交易的纸质拷贝确认。交易完成后，与交易相关的信息将在路透社等新闻网上发布。系统还包含执行订单文件。这是顺序的，最终将由确认和清算程序使用。编辑还将依靠基本信息文件来传达有关正在交易的商品的供求等信息。该文件将由统计部门每日更新，并为会员提供最新信息。该文件大约为100 000个字符。另一个重要的文件是CRT文件。此文件将由交易者创建并由编辑器引用。它提供了有关通过CRT终端可供会员使用的所有交易信息。此外，清算和审计的交易后计划必须提供某些报告。这些报告将是成员的记录以及商品交易管理局要求的报告。还有一些报告可能是维持交易所各部门运作所必需的。例如，将有统计报告表示将给统计部门提供当天交易活动的摘要。这些报告最终将传递给新闻媒体。该系统还包含五个其他顺序文件。这是两个审计日志文件，可用于跟踪会员发出的订单以及会员完成的订单。审计程序所需要的、由清算程序生成的顺序文件也需要开发。可以想象，清算程序也将提供每日会员活动的录像带。审计程序将汇集信息并建立市场历史数据库。这最终可以由审计部门和统计部门使用。预交易程序和交易后程序还没有表示出来。该流程图仅用于突出显示系统中一些更重要的元素。有趣的是，每个成员的磁带和卡片的目的是为交易所产生收入。希望会员有兴趣购买当天交易活动的一些报告，其形式可由计算机和信息服务部门直接使用。这将避免他们必须将他们的纸质拷贝转移到磁带和卡片中。

我们已经完成了研究关于文件内容和功能的更全面的描述。随后的工作将致力于进一步发展该系统。对详细提议的最终要求将要求这样做。

该系统的另一个特征是硬件的可靠性有最重要的要求。在提交给计算机公司的原始提案中，允许一年有轻微的 5 或 10 分钟的故障时间。大约一年有一小时的主要故障也是允许的。建议计算机公司安装备份系统。计算机公司也被告知有关在发生电源故障时保留文件和信息的必要性。系统的硬件方面的详情讨论见报告的后续部分。

电信

该系统的一个基本要素是编辑器到会员之间的通信网络。编辑会员通信网络将携带几种类型的消息。例如，下订单从错误控制转发订单，传递基本信息，持续沟通市场活动和确认交易的消息。订单和确认单都包含 40 个字符。从会员到编辑器的通信将使用纸质拷贝。这可能是通过某种类型的电传打字机实现的，该电传打字机配有专门设计的键盘以满足该系统的特殊需求。每个会员可以具有一个或多个电信设备。该系统最初被设计允许最多 500~2 000 名会员。该系统的设计也将使每份合同可在 4~5 小时内接受 40 000 份订单。交易所中最繁忙的会员可以为每个商品提供最多 20% 的订单或大约 8 000 个 40 个字符的消息。可以设想系统的设计使得用于输入顺序的键盘和用于错误控制的重传将与确认交易的打印机分开。备用系统必须可用于电信设备。在最终的系统规范中，必须规定如果租用线路失效，则可以通过声耦合器从任何电话线路连接到系统中。类似地，也可以有用于调制解调器以及从调制解调器到电传打字机的线路的备用设备。备份系统也将具有相同的机制，允许重新转换订单以进行错误控制。后续部分将提供系统可靠性方面的更详细描述。该系统的一个基本要素是信息本质上是通过阴极射线管终端传递的。屏幕上提供的信息旨在模拟交易者在现有交易所的场地上所具有的环境。已经对现有的交易所进行了几次访问，以便观察场内交易员以及他在做出决策时使用的信息类型。图 4 表示将出现在 CRT 终端上的信息。交易圈或交易平台中的交易者有关于买入和卖出的信息以及以相应价格获得的交易数量。在大多数交易所，最后的交易可以在电子设备或黑板上显示。交易者可以确定短期趋势。指示交易量的目的是向交易者提供有关市场活动的信息。交易量信息其实没有实际记录在黑板上，而是通过移动信息显示。交易者可以感知交易量。类似"磁带"那样提供的移动信息旨在刺激交易者仿佛能听到公开叫价交易柜台里完成的交易。关于交易范围等的其他信息通常张贴在交易所的墙壁上，因此，需要设计通信的需求范围以模拟该环境。此外，基本信息文件提供可用的贸易统计数据等，并且通常在现有商品交易所的某个地方发布。有关未平仓合约的其他信息将在需要范围内提供。目前交易商无法获得此信息。重要的是

电子交易和区块链 过去、现在和未来

数量	买	卖	数量	开盘	最高	最低	前日终盘	交易量	未平仓合约	磁带		
2	12	12.20	300	11.50	13.50	11.50	12	500	8000	J	4C	12.10
1月										D	8C	12.15
3月										A	2C	12.50
4月										---	---	---
6月										---	---	---
8月										---	---	---
9月									
12月									

CRT显示

N	3月	4月	6月	8月	10月	12月
3						
2						
1						

趋势

图 4

要强调，为场内交易者提供足够的信息以将他们引入市场是至关重要的。交易者的互动通常为现有市场提供大量流动性。随着自动交易的开始，交易者的互动肯定就没有了。因此，必须尽一切努力提供一个能够产生流动市场的环境。现有市场的交易员将其他会员的实际行动排除在外，试图确定供给或需求的来源。他们认识的市场中的交易员和／或他们的代理人可为他们提供他们认为可以从中获利的信息。自动交易将删除此信息。因此，考虑在交易日期间定期提供关于总对冲和投机活动之间的细分的额外信息。

自动交易系统的一个优点是可以直接在更广泛的地理区域上实现对市场的访问。最初计划该系统提供位于旧金山湾区的电信设备。技术原因表明，全国范围内的网络可以逐步建立起来。建议交换机还允许将两个电信设备放置在以下区域：洛杉矶、芝加哥和纽约。这将是一种有效的营销工具和技术实验。这些设备可以安装在这些地理区域的一些更老练的投机者的办公室中。它们可供这些人进行实验和使用。该系统的另一个重要方面是响应时间。前面部分设计的系统将由硬件实施，应确保以最低成本进行连续交易。

应该指出的是，通过几种调查方法获得了各种文件大小和系统要求的规范。交易总量的估计是基于最活跃的猪肚商品的交易活动和未平仓合约。通过观察几种不同商品的交易模式，获得了一个交易日中的交易分布情况。我们获得了交易量分布的惊人相似性。这些数据总结在附录 F 中。此外，项目承担了一项保密调查，其中包括几家主要的经纪公司。他们被要求为选定的一组商品完成一个日志，包括小麦、大豆油、肉鸡、牛和猪肚。摘要统计数据包含在本报告的附录 G 中。该调查提供了有关订单与确认的比率、跨式期权数等信息，这些信息有助于系统的规范。

征求计算机公司的建议书

已经给几个不同的计算机公司提供了交易系统的简略版本及其描述。如前所述，本文件包含在附录 B 中。除了向计算机公司提供此提议请求之外，还与销售工程师和系统分析员举行了多次会议。会议的目的是为了了解太平洋商品交易所的真实需求。提案和会议请求发给了 IBM 公司、控制数据公司（Control Data Corporation）、Univac 公司、霍尼韦尔公司和通用电气公司，结果收到了他们提交的初步提案。已经有几家计算机公司被淘汰出局。我们将在后续章节中讨论这些提案，并将向供应商提要求要更详细和最终的提案。我们也将在后续章节中讨论对这些提案的评估。

CCARP 项目技术报告

1. 介绍

在该项目的技术阶段，我们的目标是选择最适合执行全自动商品交易所需功能的整体数据处理系统，并监督其硬件安装、软件编程以及最终的操作。该任务可以在逻辑上分为几个阶段。这些阶段中的第一阶段包括系统功能的描绘，并且可以被认为是从交易和清算的概念系统流程图到计算机系统硬件/软件功能流程图的转换。

在这个阶段作为可能的候选者出现的多种可用硬件配置和相关软件包是天文数字。下一阶段围绕着与各种计算机制造商和供应商的代表举行的一系列会议和大会，从中推进形成了一组"预提案"，代表更为有限的系统备选方案。现在有几个提案，我们目前正在对我们建议的各种系统进行多层次评估。通过最普遍认为是目前可用的最可靠和最复杂的建模方案——SCERT（系统和计算机评估和评审技术），可以从中选择最佳系统方案并排除其他备选方案。使用 SCERT 需要我们进行大量的初步分析和数据准备，同时仔细选择 SCERT 建模中的与商品交易环境中使用的系统的操作最相关的那些元素。此外，虽然 SCERT 肯定是评估过程中的必要工具，但单靠它还远远不够。

竞争软件包的许多方面都需要单独的比较分析，交易算法与整体软件包的匹配只能通过我们正在开发的一系列基准测试来有效评估。最后，在评估制造商在电子消息交换、财务数据处理软件和硬件正常运行时间可靠性领域的经验和声誉水平，以及估计整个系统的安装和实施中可预期的支持，我们自己的知识和判断将发挥主要的评估作用。

2. 系统功能的描述

为了将交易和清算的概念系统流程图转换为计算机系统硬件/软件功能流程图，我们必须考虑分时数据处理的基本要素。它们是终端、通道、消息交换处理器（MSP）、中央处理器（CPU），以及从直接访问核心、快速访问磁盘到大容量磁带的各种存储器和存储设备，每个磁带都有各自的通道将它链接到处理器。因此，交易所的会员最终将各自具有一个或多个电信设备（配备有自动打印机和 CRT 电视屏幕的电传打字机），并且将通过"专用"（即租用的、私人的）电话线或公共运营商线路直接与消息交换处理器通信。本报告第三部分提供了对各种可能的线路安排及其各自费用的进一步调查。如图 T1 所示，消息交换处理器接收并记录每个传入的信息，然后根据需要全部或部分地对其进行解释和重传。它基本上扮演了"编辑者"（EDITOR）在交易和清算系统流程图中的角色。例如，当订单从会员到达编辑者时，会触发各种初始验证过程，将会员名称发送到会员状态文件、将订单副本发送到统计文件等。一旦完成此过程，订单发送到"执行订单"（ORDERS FOR EXECUTION）文件，消息切换器将"交易者"（TRADER）调用到中央处理器并进行交易。然后，结果由 MSP 接收并重新发送到各种记录保存文件并返回给会员。消息交换处理器不仅负责接收、处理和重发通信任务，还负责消息的排队和堆叠。因此，几乎同时到达的消息必须被分类并保存在存储器的单独区域中，直到它们可以被解释和适当地重传，并且需要传输给会员和文件的信息必须保持到信道容量可用才能传输。消息交换功能可以实现分时。此外，某些通信具有相对于其他通信的相对优先级，例如可能对信息请求直接下订单，并且消息切换器可以根据由交易所策略确定的优先级系统来安排通信的处理顺序。

中央处理器是任何计算机的核心。它由作为其"硬件"部分的操作和地址寄存器及直接访问的核心存储器组成，并包含控制硬件功能和分配任务，确定构成整个系统的高效多处理、多编程环境的中断的监控软件包"操作系统"。操作系统还可控制快速访问存储设备（在我们的系统中将是磁盘机）之间的信息流。消息交换软件将与操作系统共同使用核心存储器，并且很可能交易算法也将驻留在核心存储中。（后者可以存储在核心存储或磁盘中，只有使用 SCERT 的详细模拟才能确定存储设备的最佳分配。）然而，交易和清算流程图中指示的几个文件将明确分配给磁盘机存储，并在常规交易过程中不断被更新。由于在交易日期间无须快速访问，因此在白天累积并随后用于统计报告、会员报告和确认清算的信息将被放置在磁带上。在交易日结束时，机器将转换为完全批处理操作,所有输入都来自磁带。

上述转换如图 T1 所示。应当注意,随着交易的增长,向上兼容性将意味着连接到 MSP 的终端数量的增加,从而需要在多个信道和 MSP 本身之间插入集中器。这绝不需要改变终端规格或必须更换终端。但是,我们对交易的信息内容

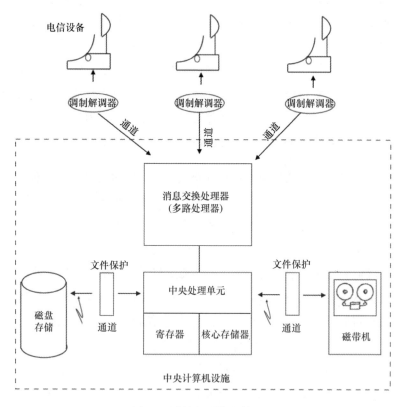

图 T1　计算机系统硬件配置

和响应时间要求的计算表明，仍然有很大的扩展空间，基本上没有对当前大型机进行任何修改。随着会员数量和商品数量的增加，可能必须将模块化存储器块添加到系统的快速访问部分。作为长期预测，可以通过获取更大的CPU并且将当前设想的单元专用于消息切换来扩展当前设想的联合MSP和CPU配置。

3. 系统参数规范

在没有进一步指定系统参数的情况下，可以适用于前述配置的可用组件的数量是天文数字。作为一个例子，我们只拿一个供应商，比如IBM，并列举可以组合到适当配置中的可能组件组合的数量：从系统的中心开始，通过CPU（并且为了简单起见，假设MSP和CPU在功能上共享相同的物理设备），我们有9种不同的单元可供选择。此外，可以获得以16K、32K、64K和128K为容量的核心存储模块，并且每个容量将指示不同的软件设计概念，因为核心和直接存储设备之间的信息流的需求不同。我们来看大型机外的直接访问存储（DAS）区域，我们可以有把握地假设我们选择的存储介质将是磁盘机，并且在这个区域中IBM公司提供4种不同单元的选择。在我们的中央计算机设施的框架内考虑的最终类型的设备是更大规模、更慢的访问存储设备，即磁带。其中，IBM公司仅提供7种型号。因此，即使在我们开始检查通信外围之前，我们发现 $9 \times 4 \times 4 \times 7 = 908$ 个兼容硬件模块的不同组合。通过5种可用于通信连接的选项，总数攀升至超过4 000种可能性，仍然没有考虑到现在市场上几十种用于打字、打印和显示数据的

电子交易和区块链 过去、现在和未来

终端,所有终端都配有相关的调制器(调制解调器),通过用传输线与这些设备来进行连接。

很明显,来自广阔市场的具体选择需要一套精确的系统规范来处理实际信息。这些规格基于交易日期间的预期订单数量、每个订单的数据量的确定、系统的期望响应时间、峰值流量率的估计以及对各种存储设备中文件存储的信息量的评估。如本章前面所述,已经汇总了下面图表的数据,虽然它们只被认为是近似的,但它们构成了一个非常有用的基础,可以从中得出系统参数。与任何仔细、保守设计的系统一样,此处包含大量的偏差和误差。与我们考虑的系统类型有两个基本参数是信息流和存储的信息,分别以每秒二进制数字("比特")和总二进制数字为单位测量,后者通常基于每个文件的大小。由于文件结构已在报告的前一部分中详细讨论过,其中文件长度和目的已经明确阐述,我们希望在此处添加的唯一内容是将字符尺寸转换为比特尺寸并将其转换为考虑这些文件所需的访问速度,以便帮助选择适当的存储设备,或者至少限制存储设备选项的可能性。之后,我们将检查信息流速,以便考虑消息处理设备。

如前所述,我们目前的文件结构包括数据的几个功能划分。将显示这些文件的枚举,其字符容量如下所示:

	磁带			磁盘	
A. 交易确认	20M		I. 会员状态	50K
B. 审计记录E	2M		II. 商品信息	2K
C. 审计记录T	1M		III. 将执行订单	2M
D. 已执行订单	1 600K		IV. 基础信息	1M
E. 已执行清单	1 600K		V. 统计	2M
F. 每日会员活动	1 600K		VI. 终端显示	2K
G. 一年以来、一月历史以来数据排序	10M			

这样可以存储总共 4300 万字节的信息，其中 500 万字节用于频繁和快速访问，并且不断更新，而剩余的 3800 万字节用于长期存储（到交易日结束时，例如，或成为交易所的永久记录和簿记的一部分）。快速访问文件将存储在磁盘上，而其余文件将存储在磁带上。实际的盘容量是文件组织和结构的函数，并且通常必须在紧凑性和访问的快速性之间进行权衡。我们估计交换机需要的最小磁盘存储容量为 10 000 000 字节，并且磁带存储容量大约为该容量的 8 倍。在典型的磁盘装置上每个轨道可存储 10^4 字节，每个磁盘有 10^2 磁道，这个容量至少需要 20 个磁盘。我们与之联系的所有制造商都可以在一对磁盘驱动器上提供此容量。类似的计算表明，就信息存储容量而言，单个磁带驱动器就足够了，但是考虑到方便性、流量以及随后的累积信息的分配和利用，建议数据累积的任务分配给 4 个或 5 个磁带机。

信息流速和响应时间要求共同确定传输线数量及其利用率百分比的规格，以及消息切换速率。下面从以下假设开始：我们假设每个交易日每个商品平均有 40 000 个订单；峰值负载可以是日平均值的 3~4 倍；每个订单由 40 个字符组成，我们将其转换为 400 个二进制数字；每个交易员的终端配备一台 CRT 显示器，显示本文前面讨论的信息。因此，订单流量等于 40 000 个订单 × 400 比特/订单，这使得每个商品在 5 小时交易日内冲击消息切换器时产生 16 000 000 比特。我们取个整数算 2 000 万比特，除以 18 000 秒的一天交易期间，我们发现平均信息到达速率为每秒 1000 比特。上述关于峰值流量的假设导致预期的最大值不大于每秒 4000 比特

（在某些编码系统中也表示为4000BPS）。太平洋电话的语音级线路可以"舒适地"处理每秒2 000比特的负载，实际上如果调制解调器质量很好，可以以每秒2 400比特的实际速度传输而没有太大的困难。因此，对每个商品用两条线路来给消息切换器输入信息是订单流所必需的。

鉴于上述数字，现在让我们考虑坐在其电传打字机终端旁的经纪人所见到的响应时间。让我们强制要求，对于95%的情形，响应必须在不到30秒的时间内完成。然后，使用400比特长度的订单消息以及语音等级线路可以以每秒2 000比特速度发送的事实，我们可以非常保守地估计中速调制解调器（工作在每秒1800比特）可以在不到1秒内完全插入消息。使用模拟方案模拟采用IBM线路的结果可以从两个图中确定平均响应时间（MRT）和线路使用百分比，如下所示：（需要进一步假设，即输入消息的比率和输出消息比率几乎是一样的——这直接来自这样一个事实：每个单一订单都收到一个单一的响应，例如，对已经输入了给定价格的订单的简单确认，或者是对已经执行了市场订单的确认。）使用图2，相当于在95%的情形下，对于特定的响应时间T（30秒）与MRT之比，要求等于3。因此，平均响应时间为10秒。下一个感兴趣的参数是线路的利用率百分比。如上所述，消息可以在不到1秒的时间内插入到线路中，因此合理估计"线路保持时间"（LHT）将为1秒，使得MRT与LHT的比率等于10。在图1的任一曲线上找到它，我们发现利用率下降到75%~80%附近。这与通常被认为是经济使用线路和响应速度之间的理想权衡的价值观相吻合。

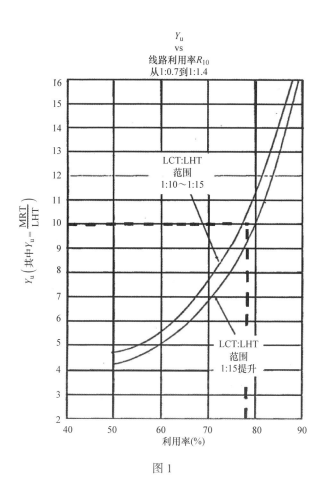

图 1

关于信息传输问题的最后一点涉及 CRT 显示器的流量与进出电传打字机的流量之间的关系。CRT 显示器保持信息的恒定显示,以每秒 45 比特的速率刷新字符。这需要语音等级线路(每秒 2 000 比特的容量)与电传打字机共享。内部逻辑将用于打印的消息转移到电传打字机的缓冲区中,而不会中断可视图像。每个有自己的显示器的会员将需要专用的语音等级线,但是这些可以在进入主机之前被集中以便减少到达消息切换器的线路的数量。

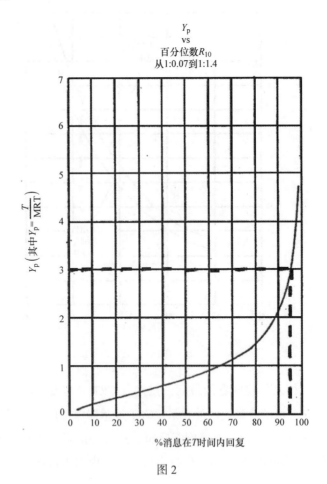

图 2

4. 可靠性

在可靠性的一般类别下,太平洋商品交易所有 5 个至关重要的关键领域。它们是:①主机功能;②存储信息保存;③终端功能;④信息传递的准确性;⑤文件和程序的安全性。让我们分别讨论它们中的每一个,强调可能的故障的影响和能设想到的防止故障及当有必要时修复故障的技术。

1)近年来计算机技术最重大的进步之一是大型机可靠性的快速和显著改进,主要是在太空计划需求的推动下。现在市场上的单个主机的可用率可以达到 98%。但是,将两个大型机连接成"冗余"系统的多处理和在线决策软件将其提高到 99.96%。使用比率(1.000-0.9996)/(1.00-0.98)的简单计算表明备份冗余系统的宕机概率是单个主机系统的宕机概率的 1/50。这是通过多处理软件实现的,该软件使一个大型机能够继续进行交易操作,而另一个大型机则负责审计、记录处理等任务。如果单个大型机发生故障,交易可以自动转移到备用单元,交易者看不到减速,并且把不怎么紧急的任务推迟到在修复故障之后(通常需要 0.25 小时到几个小时)才完成。任何大型机故障,甚至总 CPU 停机时间都会同等地影响所有会员,并且相当于临时暂停交易。

2)商品交易所关注的第二个问题是保留存储的信息。从对我们设计的磁盘和磁带文件结构的检查可以清楚地看出,所有事务的数据都以多种格式存储在几个位置。磁带上的数据按顺序写入并保留。磁盘上的所有数据在不断更新和"写入"的同时,也在磁带上连续保留。如果发生电源故障,可以认为磁带非常安全。

虽然在这种情况下磁盘上的信息可能会丢失,但其副本会保留在磁带上,并且可以开发标准重启过程以重新创建磁盘文件,就像它们在发生故障时可以重新启动一样。当然,这些措施增加了存储器的成本和编程复杂性,但所获得的安全性的价值远远超过了所产生的额外成本,并且实际上从法律角度来看可能是必要的。

3)个人会员在终端出现故障情况下存在最大的风险,因为如果个人会员在交易发生和变化时突然与交易区域失去联系,他将承担严重的财务后果。

为了防止发生这种情况,我们调查了为终端设备故障提供后备终端设施或为其提供服务的专线的各种方法。结果非常令人鼓舞,一些替代流程似乎可以用合理的成本实现。其中第一个是由会员租用一个小型简单的电传打字机设备,配有自己的调制解调器和声耦合器。如果是电源故障,可以把该设备直接连接到电话线路并且可以在普通电流或电池上工作。事实上,一种特别小巧的终端型号在市场上宣传推广,该设备可以放在附件盒中携带并在任何付费电话中使用。另一种避免单个会员终端故障所产生的问题的方法是提供一个网点,可能但不一定位于交易所办公室附近,在网点里提供其中几个终端给会员使用。

4)由于操作员错误、终端错误或线路故障,可能会造成信息传输不准确。消息交换设备以各种方式检查终端和线路错误。最常见的是,交换机在所有接收的字符上进行纵向和垂直奇偶校验来检查消息,如果检测到错误,则自动启动重传。如果此过程失败两次，则要求操作员重新键入消息。通过该方法可以有效地消除随机性的线路和终端出错。

还有其他更精细的错误检查方法，特别是循环或多项式方法。虽然这种方法比奇偶校验和冗余校验复杂得多，并且因此能够检测几乎所有错误，但只有对我们系统的错误概率进行后续研究后才能确定这些错误检查方案是否合乎需要。

此外，将采用类似的方法来大大降低操作员错误的可能性。我们计划对消息交换软件进行编程，以便向操作员重新键入其收到的订单的精确副本，并等到操作员确认订单后再重新发送各种文件并从核心存储或磁盘调用交易算法。

5）可靠性类别下的最后一个问题是一个相当独特的问题。与前面的问题不同，文件和程序安全性的问题更多地涉及保护机器中的编码信息以免被人故意篡改或破坏，而不是因为机械、电子的故障或人们无意识的错误所造成的破坏。这种故意破坏的风险是明显存在的。

交易系统应该是公开和公平的，因此必须防止系统用户（包括授权和未授权的）通过访问系统中的信息以获得对其他市场参与者不公平的优势。目前正在开发巧妙的软件方案，其对计算机的每个操作施加连续的决策程序并监控文件和终端之间的信息的每个接口。此外，提供防止通过窃听传输线来从计算机文件中获得重要信息的方法，如当检测到这种情况时通知系统操作员，或者当监控程序监控到蓄意的窃听行为后，通知警察。

5. 目前正在进行的预提案概要

在本部分，我们将介绍各种硬件配置选项，这些选项是从我们与 5 家主要制造商的代表和系统分析师举行的会议和讨论中演变而来的。我们还列出了租赁和维护费用。所有这些系统都能够执行商品交易操作所需的所有任务，并且可以预期有一定的可靠性达到最严格的标准。但是，仍然需要选择能够以最大的灵活性、最大的经济性、最高的效率和与交易算法最佳匹配的系统。而这种选择需要各种技术，包括 SCERT 和其他复杂的建模方法，以及基准程序测试。我们认为，交易所运作的成败在很大程度上取决于计算机系统选择的最优性。这种选择只能通过使用我们所掌握的全套工具和技术来实现。

UNIVAC 部门

Sperry Rand 公司的 UNIVAC 部门提出了三个系统：一个基于他们的 9400 主机；另一个基于他们的 418-II 主机；最后一个基于他们的 418-III 主机。9400 是他们新的和扩展的 9000 系列的成员，这些系列往往是小型、快速、高度通用和模块化的系统。这些装置的独特技术特征是采用了电镀磁线存储器的创新技术。418 系列是已经使用了几年的装置，并且经常担任大型和强大的 1108 计算机的"前端消息交换机"。所有三个提议的系统都采用冗余 CPU 配置，我们认为这对于确保可接受的大型机可靠性水平是绝对必要的，如前所述。

9400冗余通信子系统

	租金	维护
2个9400 CPU、定时器、操作员控制台、键盘、打印机、通道	1 530美元	270美元
2个选择器通道8个I/O子系统@ 33KB 每个	360	60
2个65KB存储	5 690	15
双通道磁盘	85	15
双通道磁带	85	15
双通道9200	85	15
双8414(58MB)磁盘	1 200	150
磁盘控制器	550	90
磁带VI-C子系统	975	275
9200−8K−120 pp−300 lpm	1 076	210
通信适配器	45	5
线路终端−16	510	90
纵向冗余检查	40	7
双通道适配器	85	15
通信子系统 (16×15美元)	192	48
线路终端同步检查(15×65美元)	832	160
总计	13 340美元	2 435美元
	15 775美元/月	
5年租金，15%折扣(包括维保)	13 807.40美元/月	

电子交易和区块链 过去、现在和未来

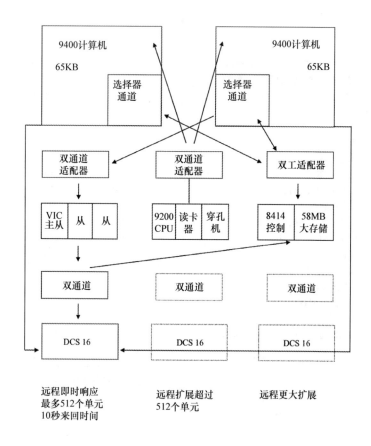

CCARP 项目:中期报告

418 Ⅱ 冗余通信子系统

	租金	维护
2个418 CPU,有8个I/O通道,	4 190美元	610美元
2个独立控制台和打印机,		
4 096 字存储,8个变址寄存器		
7个17K内存条(56K双字节)	2 240	315
2处加I/O通道扩展 8~12	280	40
2天时钟	110	10
2个 FH 330 磁鼓和控制262K,	3 800	350
18 bit字,786、432字符访问,		
8.5 毫秒		
2个 330 磁鼓	2 310	196
每个子系统CTMC有2个传输交换机	290	20
8个高速CTMC		
9200 个外理器和打印机(300 lpm)	570	135
	347	68
8KB存储	383	22
400cpm读卡器	116	32
75~200cpm穿孔机	152	63
132个打印位置	179	21
ICCU - 9000~418 个接口	185	20
VI-C 控制单元	710	35
VI-C 主 (2) 34KB	800	230
VI-C 从 (6) 34KB	1 440	420
总计	18 102美元	2 581美元
加维保	20 683 美元/月	
5年租金,15%折扣 (包括维保)	17 967.70 美元/月	

只提供汇编语言,没有浮点,没有COBOL编泽器
    设有双精度

电子交易和区块链 过去、现在和未来

418Ⅲ冗余通信子系统

	租金	维保
2个418ⅢCPU,有8个I/O通道, 2个独立I/O模块	4 270美元	550美元
2个操作控制台(页打印机)	520	40
4个16K内存条(64K双字节)	5 880	600
两天时钟	260	10
FH 432磁鼓控制	1 885	520
4个FH 432磁鼓,每个524K 18bit字	3 880	400
共享外设接口(SPI)	450	25
每个子系统2个传输交换机	300	36
CTMC	570	135
8个高速CTMC	680	120
9200处理器和打印机(3001 pm)	347	68
8KB内存	383	22
400cpm读卡器	116	32
75~200cpm穿孔机	152	63
132个打印位置	179	21
ICCU - 9000~418个接口	185	20
VI-C 控制单元	710	35
VI-C 主(2) 34KB	800	230
VI-C 从(6) 34KB	1 440	420
总计	23 007美元	3 347美元
加维保	26 354美元/月	
5年租金,15%折扣 (包括维保)	22 902.95美元/月	

霍尼韦尔公司

霍尼韦尔公司提出了4个系统,它们都是同一系列产品的不同型号,其中基本的变量是配置中的额外组件,以便在发生故障时减少"停机时间"……因此,作为平均月租费用从最简单到最复杂的建议系统,从每月约15 000美元增加到24 000美元,增加的复杂性

使得发生故障时可能的停机时间从大约 30 分钟缩短到几分之一秒。

系统 1

在该配置中，一个 CPU 被配置用于处理通信。备用 CPU 配置为在磁带环境中进行批处理。通过 216 交换机，备用 CPU 可以在以下任何单元发生故障时进行通信处理：

1）中央处理器

2）控制台打字机

3）磁带控制单元

4）磁带驱动器

此配置中的停机时间取决于操作员及时检测。如果上面列出的任何单元出现故障，可以在大约 10 分钟内完成切换到备用系统。虽然两个 273 型磁盘驱动器足以满足旧金山 PCE 的需求，但实际上已经使用了三个驱动器。因此，如果有一个 273 型磁盘驱动器发生故障，则可以使用备用驱动器。286-4 通信控制器或 257 磁盘控制单元故障的停机时间没有给出。如果 285-2B 发生故障，通常由该线路服务的终端可以通过 DDD 设备路由到备用 285-2B。

现场服务将要求系统进行预防性维护。在备用 CPU 上进行在线操作时，可以执行上面列出的单元的维护。所有其他单元将要求现场服务每周接管系统 2~4 小时。

电子交易和区块链 过去、现在和未来

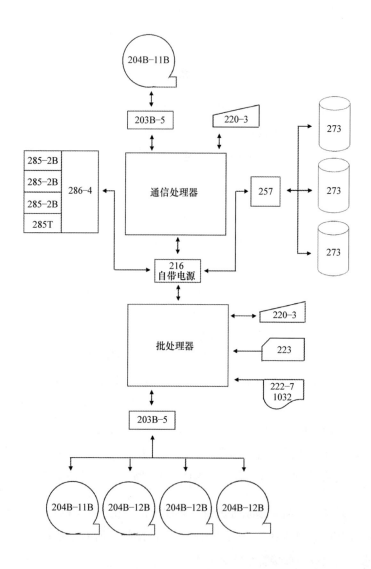

106

系统 2

此配置在磁盘环境中提供与单独中央处理器上的通信处理并行的批处理。切换安排允许批处理器在以下任何单元发生故障时进行通信处理：

1. 中央处理器

2. 控制台打字机

3. 磁带控制单元

4. 磁带驱动器

5. 磁盘控制单元

6. 磁盘驱动器

在此配置中，除磁盘驱动器外，停机时间由操作员检测。如果上面列出的任何单元发生故障，可以在大约 10 分钟内完成切换。如果磁盘驱动器发生故障，则需要对整个磁盘机组进行恢复，并且可以在大约半小时内完成。除 286-4 外，现场服务可以修复通信处理器上的故障单元，同时批处理器执行通信功能。

系统 3

该配置提供了处理与批处理器并行操作的所有在线需求的通信处理器，该批处理器在通信系统发生故障的情况下提供完全备份。所有交换机都是自供电的,即使通信处理器断电,冗余的286-4通信单元也能确保切换能力。

在此配置中,除磁盘驱动器故障外,切换可在大约5分钟内完成,但需要操作员检测。如果磁盘驱动器发生故障,则需要在批处理器上完成磁盘机组的恢复,同时通信处理器继续在线为不受故障影响的地方服务。当磁盘机组在大约半小时内完成恢复时,所有地方的服务都可以切换到批处理器,允许现场服务使用通信系统处理器修复发生故障的磁盘驱动器。

CCARP 项目：中期报告

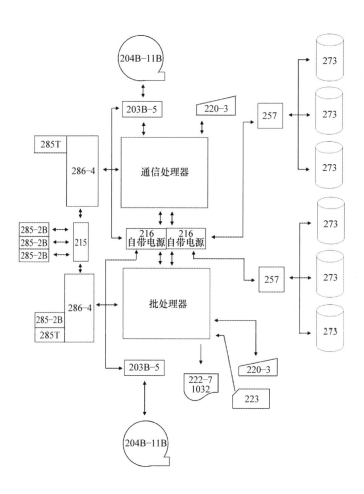

系统 4

此配置提供了一种负载共享方法,可同时主动利用两个 CPU。效果是使系统的负载处理能力加倍。批处理可以在一个 CPU(见下图)上的多程序运行环境中执行,也可以在两个 CPU 上执行。

每个提供动态备份的 CPU 都会保留包括事务日志记录在内的重复联机文件。在此环境中,不需要记录磁带。

前端小型计算机(例如霍尼韦尔的 112 或 316)取代了 286-4 通信控制器,并且还充当系统监视器,可自动检测系统故障并立即实现切换到仍在运行的 CPU。这有时被称为"自我修复"系统。

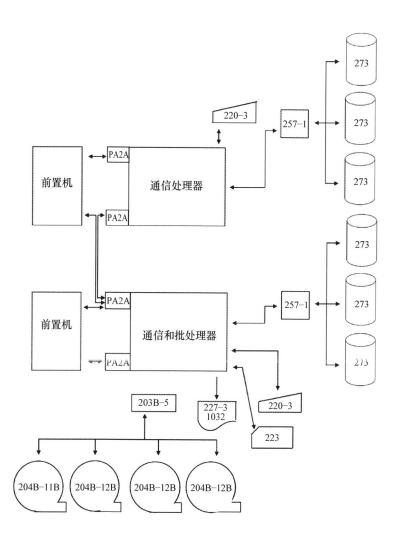

控制数据公司

控制数据公司（Control Data Corporation，CDC）开发了一个系统，该系统以他们为几家国家经纪公司安装的设备为模型，为他们的信息交换、订单和交易确认以及内部清算需求提供服务。它基于在经纪控制系统（BCS）监控下运行的双3300主机。控制数据公司长期以来以出色的硬件而著称，但最近才将其信息交换能力提升到与商用机器相当的水平。

控制数据公司在线系统BCS硬件配置

数量	产品号码	命名	买断	1年租金价	3年租金价	5年租金价	每日维护
2	3304-2	*基本处理器	371 000美元	9 010美元	8 560美元	7 660美元	584美元
2	3302-49	*存储模块	518 340	13 020	12 370	11 060	1 070
6	3306-C	**通信通道	36 900	780	750	720	228
6	3307-A	**通信通道	56 610	1 350	1 290	1 230	324
3	3234-A	磁通驱动器控制	79 500	1 485	1 425	1 350	213
6	854	磁盘机	146 280	2 820	2 700	2 550	468
12	851	磁盘	3 960	144	120	120	N/C
2	3228-A	磁带控制器	44 520	800	760	720	142
4	604	磁带传输	116 600	2 080	1 980	1 880	564
2	3290-4	查询/检索控制器	37 100	750	720	680	174
8	211-4	***显示/录入工作站	29 680	736	704	664	208
3	3266	通信终端控制器	41 340	825	795	750	180
48	321	电传终端控制器	107 040	1 632	1 584	1 488	528
1	8909-H	测试主板单元	11 130	420	400	380	22
1	3447	读卡器控制器	12 720	190	185	175	60
1	405	读卡器	24 910	370	355	335	71
1	512-1	行打印机	47 700	780	745	705	243
1	3555-1	行打印机控制器	28 620	605	575	545	49
1	595-1	打印机塞盒	3 180	105	100	95	N/C
1	QSE XXXX	时钟	11 000	410	389	369	30
1	QSE XXXX	重传启动单元	92 000	6 500	3 000	2 200	50
4	8271-D	传输交换机	15 280	296	284	268	36
			1 835 410美元	45 108美元	39 791美元	35 954美元	5 244美元

*需要备份

IBM 公司

IBM 公司提出了一种基于其 DOS[（磁盘操作系统），其"中间系列"监控软件包]控制的 360/40 中央处理器的配置，加上由 BTAM 进行远程处理和 FTS（金融终端系统），还有一个将在明年上市的专门设计的消息交换系统。合适的配置将具有一对 131KB 存储器 CPU、三个磁盘驱动器、六个磁带驱动器和用于本地批处理的各种输入/输出设备；每月租金约为 30 000 美元。

IBM 系统 306

用来组建自动交易所的硬件装置
假设使用磁盘操作系统(DOS)
　　基本远程处理访问方法(BTAM)
　　金融终端系统

单元或单元功能		每月租金	评论
13IK	字节存储，40型中央处理器 直接控制，十进制运算和 存储保护	6 390 414	6 804
	控制台打印机和适配器	288	每个设施提供最多23300万字节的在线存储
	2314A1 存储控制器	1 480	控制最多8个在线模块
	2313A1 磁盘控制器	1 745	4个设备，每个29.17MB存储
	2318A1 磁盘控制器	920	2个设备，每个访问29.17MB内容
	2312A1 磁盘控制器	535	内置一个29.17MB模块
2415	磁带单元和控制器驱动控制 型号14 — 两个 1600 b/p/i 磁盘及控制器 型号5；每个"" 型号6；每个""	905 1 455 2 005	30KB传输速率
2416	磁盘；每个	20	存储设备(29.17MB)或2314设施
2540	卡片读写机	660	读1 000卡/分钟 打孔300卡/分钟
1403	NI打印机		
	可换打印机墨盒；每个	97	读1 100卡/分钟
2821	控制单元 不同的面向通信提挕高的数据传输器	1 045	控制2540和1000L/P/M打印机
	2701 数据适配器单元	200*	提供低和高速终端串行和并行传输模块
	2702 传输控制器	850*	用来启/停(异步)终端通信
	2703 传输控制器	1 450*	支持大量同步和异步通信线路

*这里是基本价格，没有包括线路和终端功能、自动拨号功能和轮询功能。这些功能需要更多的沟通来定义。

近年来，通用电气公司将其在数据处理方面的主要工作投入到分时系统领域，并开发了一个全国性的"计算机公用事业"链，强大的计算机中心使其设施可供广大的个人用户网络使用一个分时共享的环境。该公司的 Datanet 30 已经成为这些网络的独立消息交换单元。他们向太平洋商品交易所提议的系统是基于 Datanet 30 的扩展版本，即 Datanet 500。尽管与通用电气公司就交易所的具体要求进行的初步讨论有所延迟，但通用电气公司现在正在制定一系列硬件配置以与本报告前面提出的参数保持一致。

6. SCERT 概述

在计算机系统操作中的多程序运行和多处理出现之前，确定一个给定计算机对于一个给定作业是否具备容量的充分性和效率是直截了当的。它包括分析作业的需求，以确定所涉及的每种类型的计算机指令的数量，在相关计算机上执行每个指令的时间并将其相加。如果总和在预期的限度之内，那么计算机容量和性能就足够了。简单的过程是计算机以完全顺序的方式执行操作的结果，因此，在任何给定时刻只有一个分区运行。

通过使多个操作在计算机系统的各个部分中同时发生，多程序运行和多处理使操作更加有效并且更加复杂。监督软件（"操作系统"）的任务是通过一系列"中断"以最有效的方式组织这些不同操作的分配，这些"中断"在需要设施时启动和停止各种任务。这种交错和中断导致的额外复杂性使得用简单算术来计算工作时间变得基本上不可行，并且我们被迫用一个自动模拟计算机功能来获得估算。在可用的各种模拟技术中，通常被认为最适合于计算机系统评估的技术是SCERT（系统和计算机评估和评审技术）。

SCERT是一种非常全面和通用的技术，必须从中选择对我们系统最相关的内容才能从中获得最大效果。此外，当与其他评估技术（如基准程序和其他模拟）的结果结合使用时，其结果具有最大价值。但是，SCERT将为我们的整体评估做出重大而必要的贡献。需要指出的是，CCARP项目隶属于加州大学，在使用SCERT时受益于优惠的定价安排和特殊的培训机会。

让我们简要概述SCERT程序的操作，特别强调必要的输入信息和提供的输出信息。

SCERT的输入包括三种基本类型：在计算机和数据处理系统中运行的环境的描述；系统将访问、创建和填充的文件的描述；系统活动或事件的描述（简称为系统描述）。

为了清楚起见，使用我们的商品交易系统作为具体实例。然后，系统运行的环境包括来自交易所会员的关于购买、销售、"交易品号码"信息的收集，以及系统响应他们的请求发送回会员的消息。它还包括交易所本身对其提出的要求，例如审计要求、交易确认、统计等。

文件描述更加清楚，因为我们已经描述了交换的各个方面创建和使用各种文件的大小和目的。SCERT文件描述不仅需要这些信息，还需要有关文件中字符组织的更多详细信息。这些文件的格式由交易所的要求和交易算法所采用的最终形式决定。

所有上述信息均由系统分析员使用，系统分析员将其合并到特定的系统组织中。系统组织是第三个输入信息。这三个输入是仿真的初始输入，因为它们被设计为与仿真的任何硬件配置兼容。

SCERT仿真分为五个阶段（见图T2和图T3）：

第一阶段有三个主要功能：接受三个输入定义；建立每台计算机运行的数学模型；如果发现不一致，则验证模型以输出诊断数据。

第二阶段接受特定的硬件/软件定义，构建表示它的数学模型，并验证第一阶段中构建的模型与第二阶段中引入的硬件的兼容性。特定硬件数据存储在SCERT可用的大量因子库中。

第三阶段使用一系列预仿真算法来执行计算，该阶段将第一阶段的模型结构和参数在第二阶段中引入按规格的硬件中实现，确定各种处理时间和内存要求的值。

第四阶段是仿真本身；它包括个别事件的影响，随机发生和相互作用的事件，排队和堆叠，以及多程序和多处理。在所模拟的计算机的性能上保留详细记录。

完成第四阶段后，进入第五阶段并发布一套完整的"标准"报告，说明第一阶段所述环境中计算机系统的行为以及相关文件。

除其他内容外，报告指出了模拟的确切配置及其成本，中央处理器利用程度，编程要求（在编程步骤数和所需的程序员人月数的估算）和成本摘要，其中涉及对计算机租赁、购买和维护成本考虑的预计利用率。此外，如果涉及随机实时处理（对于太平洋商品交易所设想的类型的分时信息交换系统肯定是这种情况），则会发布一系列单独的报告来描述这种情况的影响和计算机对这种处理的预期响应。本系列报告包括四个报告，分别涉及事件处理分析、硬件利用率、系统响应和内存要求。

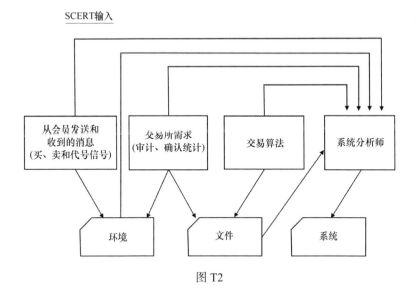

图 T2

电子交易和区块链 过去、现在和未来

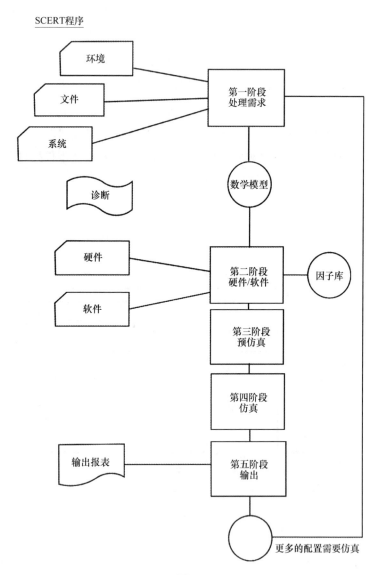

图 T3

将在太平洋商品交易所内交易的商品

CCARP 项目目前正在研究椰子油贸易的可行性。目前的研究主要围绕检查椰子油的价格变化以及努力尝试预测交易量。下图表明椰子油比大豆油具有更大的可变性。人们认为，价格波动很容易吸引足够的投机活动，这样可以实现营业利润所需的 160 000 个合约年交易量。

正在进行关于椰子油的进一步研究。MBA 学位论文将写出商品交易的可行性。确定哪些商品适合期货交易是一门艺术。CCARP 试图了解更多相关信息，以便成功开发适合期货交易的一揽子商品。为此，主要研究者指导学生做了关于肉鸡业和期货交易的 MBA 论文。该材料证实了让交易者能使用期货合约的必要性，也强调了对套期保值者和期货投机者任何一方都不能有偏向的重要性。在研究冰镇肉鸡交易的前期失败和后续成功时，我们学到了其他一些东西。本文可在 CCARP 库中找到。关于椰子油和工业来源期货交易的大量背景工作已经完成。交易利益的重要标准表明椰子油可以成功交易。此外，对该种商品相对于其他成功商品的价格变化的检验也强化了这种观点。

电子交易和区块链 过去、现在和未来

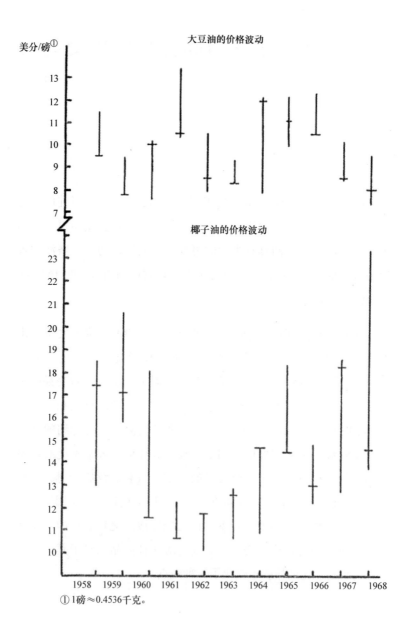

① 1磅≈0.4536千克。

CCARP 项目的后续工作

CCARP 项目的初始阶段旨在为太平洋商品交易所提供组织结构，并确定自动化交易的可行性。此外，该项目还将确定哪些商品可能有助于成功的期货交易。每个领域都取得了相当大的进展。但是，仍然有重要的工作要做。所开发的组织结构是可行的，可供交易所使用。为了改善结构，有必要进一步改进和研究。为此，有必要开发其他优化模型和/或模拟交易。此外，随后的工作将涉及确定适当的硬件以实施旨在创建可行市场的系统。该工作的性质已在上文中描述。此外，CCARP 项目还必须确定哪些商品将在太平洋商品交易所进行交易。最初的分析研究了椰子油，随后的工作将集中于此。此外，目前正在对牛进行可行性研究。CCARP 项目还将努力研究橄榄、大米等其他商品的期货交易。还有必要确定最佳的佣金结构。这涉及期货投机者的较高成本与期货销售者推销期货交易的较高推广成本之间的权衡。此外，还必须确定最佳保证金要求等。还将开展工作以开发交易算法。

加州大学工商管理研究生院的管理科学实验室可用于研究太平洋商品交易所的交易规则。我们将建立一个不同规则的模拟模型，让学生充当市场参与者。我们可以观察市场的行为，因此，能够学习如何改进交易算法。需要对实际市场进行额外观察。

自动交易系统的一个非常重要的元素是文件安全性。工作将在第一阶段开始，制定保护系统完整性的适当方法。这项工作将需要建模和可能的模拟，以确定模型的含义。

总结下来，第一阶段的结果主要集中于：

（a）完成组织架构设计（最合适的费用等）；

（b）调查和决定什么商品将上交易所；

（c）交易算法的开发工作；

（d）文件安全的开发工作；

（e）决定用来实现提案系统的硬件产品型号。

还将开展致力于确定资本支出与太平洋商品交易所的需求相关的项目支出的研究。

最重要的是要注意CCARP项目正在按计划进行。这包括在其预算范围内实现其目标。附录H总结了项目的费用。实现与第一阶段平衡相关的目标所需的预测预算见附录F。

似乎有必要得出结论，目前有迹象表明太平洋商品交易所的建立在经济上是可行的。随后的研究阶段应提供必要的信息，以确定自动交易在技术上是否可行并适应拍卖市场。设备的选择和引导传统叫价交易参与者使用自动化设备的能力对于交易所的成功至关重要。我们乐观地认为，可行性的最终确定将在1970年9月15日第一阶段研究结束时完成。

附　　录

附录 A
关于加利福尼亚商品咨询和研究项目的提案

期货交易所在美国经济发展中发挥了至关重要的作用。它们是特定商品的新市场或替代市场的来源，向相关行业提供信息，当然也促进了对冲。在后一种能力中，它们有助于在整个经济中有效地重新分配风险。

有组织的期货市场是根据工业和投机者的需求而开发的。交易所的位置通常与该需求有关。芝加哥期货交易所在芝加哥开发，因为它在地理上是一个重要的生产和分销点。纽约棉花交易所的发展是因为该市是交通网络的中心点，延伸到新英格兰的纺织厂和欧洲市场。

现在看来有潜在的工业和投机者的需求使得在加州建立期货交易所具有一定可行性。它将满足国家以及整个美国西部地区的需求。为了促进交易所的建立并促进其有效运作，建议在加州大学开展研究项目。该项目的目标是持续开发和研究模型，旨在确定加州商品交易所的最佳组织结构和交易系统。还将不断开发和研究模型，使决策者能够确定应交易哪些商品。前期的研究结果将被当成一个供交易所使用的可运营的系统。后面研究项目的结果将用于确定将在交易所交易的特定商品。

虽然其他商品交易所与大学之间没有类似的合作,但有许多例子表明私营部门和大学的共同努力已证明是互利的。最成功和最著名的努力之一是沃顿模型。除了全国各地的众多项目外,加州大学伯克利分校还有几个成功的合作项目。湾区模拟模型(Bay Area Simulation Model,简称 Bass)是设计来旨在提供湾区的经济预测,以及加州经济预测项目是致力于开发加州经济的预测模型这些都是例子。

经济学和组织理论中有大量的理论,这将为所提出的模型的发展提供基础。关于交易系统对价格水平、拍卖市场以及模拟和游戏的影响的具体学术研究将非常有价值。假设理论模型可以转化为可运行的系统也有先例。密歇根州立大学开发了一个名为"电子鸡蛋交易所"(Electronic Egg Exchange)的工作模型。该研究表明,可以建立一个完全计算机化的交易系统,并且有开发它的经济理由。

成功的私营和公共部门联合项目的先例以及各学术领域的知识水平为加州商品咨询和研究项目的成功投入提供了基础。

研究大纲

第一阶段的研究将包括设计组织结构的初步模型和交易所的交易系统。该项目将确定拥有完全计算机化的交易系统在经济上是否可行。还将开发一个初步模型，使决策者能够确定应在交易所交易的商品。椰子油将是第一个被考虑交易的商品。

第二阶段的研究将包括建立一个完整的交换组织结构和交易系统模型。假设计算机化交易系统是可行的，将开发必要的软件。对于该模型，还需要做进一步的开发工作，用于确定应交易的商品。研究结果将显示在交易所中进行交易的初始商品。

第三阶段将包括对开发的模型的进一步修改和完善。然后，这些模型的改进将在可运行系统中实现。将开发一个数据库，其中包含价格、数量等信息以及相关行业的信息。

将为交易所准备一份包含商品相关信息的年度统计摘要。将不断考虑交易其他商品的可行性。将举办一个研讨会，教师、学生和交流成员可以共同开发模型，然后进行改进。交易所的经验会建议对组织和交易系统进行哪些修改。还将考虑数据库中的修改。

行政和筹资

加州大学伯克利分校商业和经济研究所将负责该项目。研究人员将主要由加州大学的教师和研究生组成。可定期聘用大学以外的特殊顾问。

将设立一个董事会，以顾问的身份为该项目服务。它将每半年举行一次会议，审议项目进展情况并提出建议。董事会将每年审查已完成的研究，并就项目的财务支持继续提出建议。

建议该项目于1969年9月1日开始。第一阶段的目标完成日期为1970年9月1日，并于1970年4月1日提供进度报告。

项目从开始到完成进度报告的成本为15 000美元。这个数字包括1969年冬季一名全职教师调查员的薪水、三名半职研究助理费用、差旅费、购买计算机时间费用和杂项费用。完成第一阶段所需的金额将在进度报告中确定。在第一阶段结束时，将估算剩余阶段的成本。

该项目将遵守大学法规第4号规定的关于公布研究成果的正常条件。

理查德·桑德尔助理教授

加州大学伯克利分校工商管理学院

附录 B

自动交易系统的初步描述

理查德·桑德尔

加州商品咨询和研究项目

加州大学伯克利分校

电子交易和区块链 过去、现在和未来

介绍

加州商品咨询和研究项目（CCARP）的主要目的之一是检查在商品交易所实施自动交易的可行性。该报告的具体目的是描述这种系统中的主要元素。该报告包含程序的描述、文件的规范以及系统电信需求的初步描述。

交易机制最初将设计为处理单一商品的六种选择。硬件和编程应该有足够的灵活性，以便可以轻松添加另外九种商品，每种商品有六种选择。重要的是要表明此报告只是对自动交易系统的初步描述。需要进行后续的改进和添加才能使其成为完整的文档。

系统描述

该系统包含六个不同的程序。有一个预交易程序，它执行与初始化诸如交易量、删除到期合约等数值相关的各种功能。有三个程序在交易日后执行。这些与交易结束、清算和审计有关。此时，无法指定交易前程序或交易后程序的大小。

在交易过程中，有两个正在运行的程序。一个程序的功能是编辑，另一个程序的功能是交易。编辑负责接收会员的信息。它执行的通信有几种类型。第一个与接收订单有关，第二个与获取报价有关，第三个与确认交易有关。目前无法指定此程序的大小。交易程序本质上是一种算法，旨在匹配和完善交易。该程序的规模目前还不得而知。编辑和交易将同时运行，但前者优先。

为了使编辑程序和交易程序能够运行，必须创建和引用某些文件。编辑必须从商品信息文件中获取信息才能接受订单。该文件将描述商品的各种特征，并且必须存储大约 2 000 个字符。该文件可以保存在磁带上，并且在预交易程序的操作期间被读入核心存储并在那里存储一个交易日。在交易日结束时，它可以更新，以便用于下一代交易。编辑程序还必须咨询会员档案。编辑程序将访问此文件以验证成员的身份等。它将产生大约 50 000 个字符。编辑器将创建一个顺序的统计文件。该文件将简单记录成员所放置的不同类型的查询和订单。系统还包含执行订单文件。此文件由编辑器创建和引用，并由交易程序按订单部分、按商品进行读取。当交易程序使用该文件中的任一部分时，其他部分必须不能被其他程序访问。在某些情况下，例如跨式期权，几个部分中的订单可以彼此链接。该文件可以分为六个不同的单元；每种商品的不同选择可以用一个单元。此文件最多可存储 400 万个字符。交易程序执行其功能后，将创建确认交易的顺序文件。编辑器将引用此文件并使用该文件发送交易的纸质拷贝确认。交易程序完成后，与交易相关的信息将在路透社等新闻在线上发布。该系统还包含一个执行订单文件。这是顺序的，最终将由确认和清算程序使用。此外，交易后的清算和审计程序必须输出某些报告。该系统还包含五个其他顺序文件。这些文件没有在下面的流程图中显示。预交易程序也没有显示出来，一些交易后程序也没有。该流程图是系统的简略版本，仅用于重点显示系统中一些更重要的

电子交易和区块链 过去、现在和未来

元素。该流程图还表明每个交易所会员都有确认磁带或卡片。这样做的目的是为交易所创造收入。希望会员有兴趣购买当天活动的一些报告,这些报告的格式和内容可以由他们的 EDP(电子数据处理)部门立即使用。这将避免他们必须将他们的纸质确认单和订单转移到磁带或卡片中。

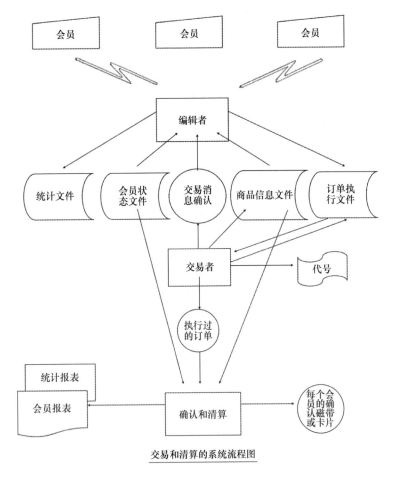

交易和清算的系统流程图

为使该系统运行而订购的硬件的可靠性至关重要。如果交易因故障中断的时间哪怕是超过很短的时间，那也将是灾难性的。在轻微崩溃的情况下，交易延迟 5 或 10 分钟是允许的。对于重大故障，允许延迟大约 1 小时。因此，拥有备份系统至关重要。最安全的方法可能是复制整个系统。这也可能是最昂贵的方式。因此，希望可以做出一些安排，即一个系统定期租赁，另一个系统仅在交易日租赁。也许制造商可以在当天其余时间租用第二台机器进行批处理，或者可以安排一些外包服务中心执行类似的功能。

如果电源故障导致初始系统变得不可操作，则必须保留文件和正在操作的信息。硬件应具有防止信息被破坏的能力。

电信

很明显，系统的一个基本要素是编辑器程序与会员之间的通信网络。编辑器－会员之间的通信将包含几种类型的消息。编辑器－会员之间的通信可以包括一个下订单的会员、错误控制订单的重新发送、报价请求和发布报价以及确认交易的消息。订单将包含大约 40 个字符。有两种不同类型的报价：一个包含 50 个字符，另一个包含 25 个字符。确认单将包含 40 个字符。会员对编辑的确认必须是纸质拷贝。这可能是在某种类型的电传打字机上实现的，配有专门设计的键盘以满足该系统的特殊需求。每个会员必须至少有一个电信设备，有些可能还不止一个。电信设备的数量可能从 500 到 2000 不等，系统最初应该能够在 4~5 小时内接受总计 2 万个订单。

最繁忙的会员可以放置总订单的20%或大约8040个字符的消息。此时无法估计报价请求的总数。请求总数可能等于或大于订单总数。但是，从会员的角度来看，这种沟通的优先级较低。似乎有理由认为，在大多数情况下，该会员将在他的办公室使用报价单。可以想象，该系统的设计将把用键盘输入交易以及接收用于错误控制重传的功能与打印机确认交易的功能分开。备用系统必须能连接电信设备。如果租用线路出现故障，应该可以通过声耦合器从任何电话连接到系统。同样，必须有调制解调器的备份设备以及从调制解调器到电传打字机的线路以及电传打字机本身。备份系统还必须具有相同的机制，允许重新传输错误控制的订单。

最初计划将电信设备的地理位置限制在旧金山湾区。希望最终网络可以扩展到包括加州和最终整个美国。交易所必须建立一个让没有电信设备的会员也可以去交易的地方。除了保护这些机器的误用的某些人员之外，为各个设备提供诸如钥匙等的一些其他安全机制可能是必要或有帮助的。

响应时间

目前的交易系统允许从交易到确认的周期为大约5分钟。希望这里设计的系统有10~40秒的响应时间。

应设计本报告前面部分所述的自动交易系统，以确保以最低成本持续交易。决定使用哪种设备将基于所使用的设备和备用系统的可靠性以及硬件的成本。

附录 C

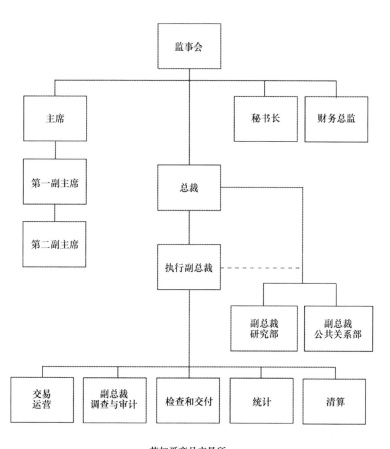

芝加哥商品交易所

电子交易和区块链 过去、现在和未来

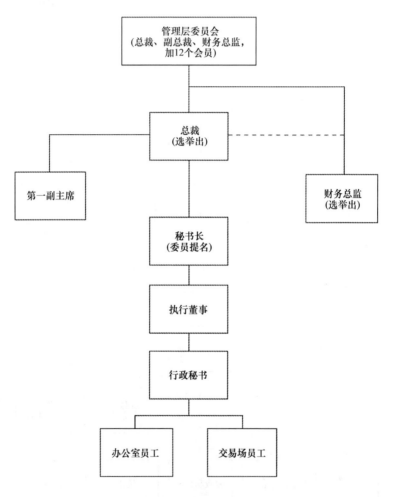

纽约咖啡及糖交易所

CCARP 项目：中期报告

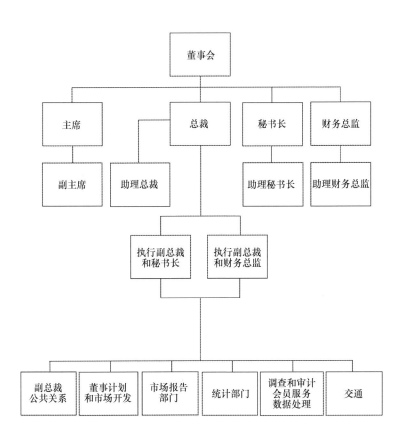

*120个员工

芝加哥期货交易所*

电子交易和区块链 过去、现在和未来

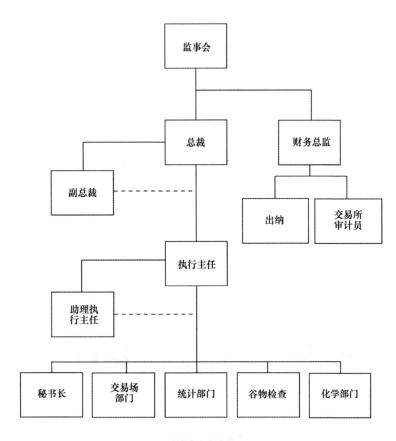

纽约农产品交易所

CCARP 项目：中期报告

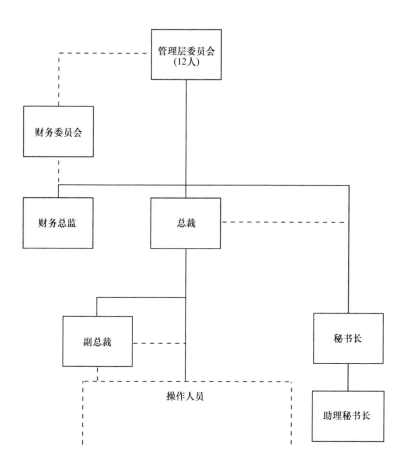

纽约可可交易所

电子交易和区块链 过去、现在和未来

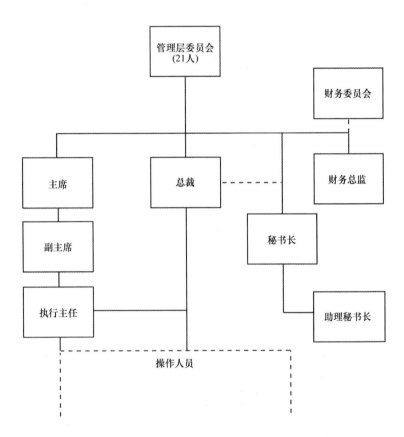

纽约棉花交易所

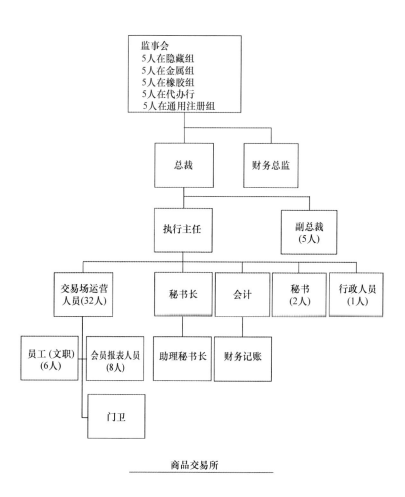

商品交易所

电子交易和区块链 过去、现在和未来

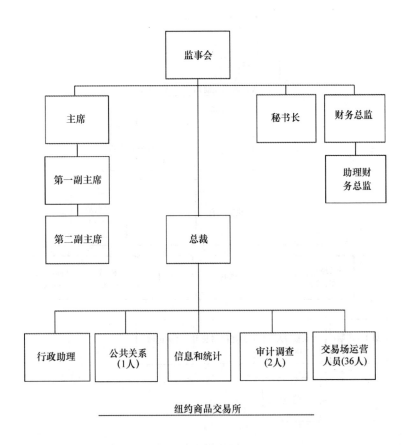

纽约商品交易所

附录 D

租金和水电	65美分/平方英尺
打印	
胶印机	1 500美元
纸	2.25美元/卷 （500张）
邮寄费	45美元/年.
	+ 22美分/lb.（最小 3.8美分/吨）
EDP供应	
卡	9.10美元/箱 （10 000卡）
	45美元/订单
磁带	22.75美元/卷
称重和检查	
称重车	8.35美元/车
称重验证人	7.50美元/车
测量和抽样	10.00美元/车
(有线新闻)	
道路琼斯	200美元/月 (125条新闻 + 75个设备)
路透社	195美元/月
CNS财经资讯	1.75美元/月
Ultronics财经资讯	2.75美元/月 设备
	+ 25美元/月 纽约证券交易所
	7美元/月 美国证券交易所
	30美元/月 芝加哥期货交易所
	25美元/月 其他商品交易所
	362美元/月

附录 E

合同费用
(一方)

		非会员			会员		
		交易量的百分比	交易所费用	清算费用	交易量的百分比	交易所费用	清算费用
头天交易		36%	2.00美元	1.00美元	10%	0.50美元	0.25美元
当天交易		11	1.00	0.50			
本地交易(套利)					35	0.25	0.25
跨式期权	交易费	1.5	3.00	1.50	2.5	0.75	0.37
	无交易费	1.5			2.5		

CCARP 项目：中期报告

附录 E1

	收入	支出	利润
4 成功			
第一年	756 020	1 074 160	(318 140)
第二年	1 653 680	1 289 415	364 265
第三年	2 967 050	1 624 618	1 342 432
2 成功			
第一年	756 020	1 074 160	(318 140)
第二年	1 426 928	1 234 075	192 853
第三年	2 116 882	1 604 835	512 047
1 成功			
第一年	756 020	1 074 160	(318 140)
第二年	1 389 031	1 208 685	180 346
第三年	1 682 122	1 520 355	161 767

本预算中的营收是通过使用与前文相同的到期交易费和会员费获得的，但非会员的费用会加倍

电子交易和区块链 过去、现在和未来

附录 E2

	收入	支出	利润
4 成功			
第一年	714 708	1 074 160	(359 452)
第二年	1 411 190	1 289 415	121 775
第三年	2 360 825	1 624 618	736 207
2 成功			
第一年	714 708	1 074 160	(359 452)
第二年	1 257 185	1 234 075	23 110
第三年	1 783 458	1 604 835	178 623
1 成功			
第一年	714 708	1 074 160	(359 452)
第二年	1 231 412	1 208 685	22 727
第三年	1 488 130	1 520 355	(32 225)

本预算的营收是使用与前文主预算中相同的到期交易费和会员费获得的，其中非会员费减少了1/3

附录 F

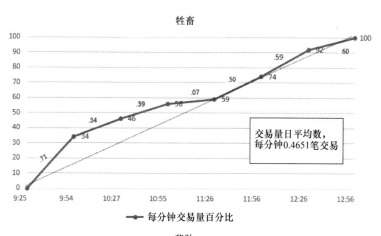

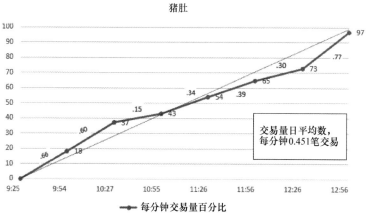

电子交易和区块链 过去、现在和未来

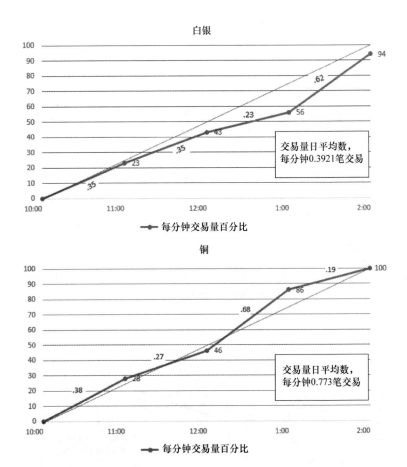

CCARP 项目：中期报告

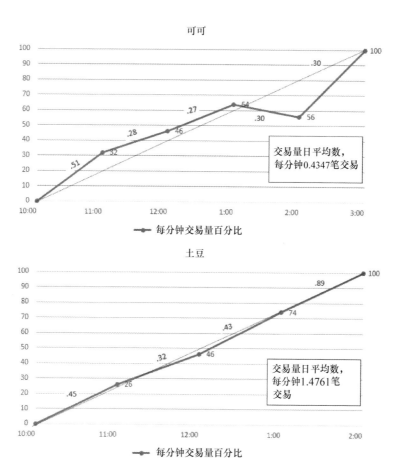

147

电子交易和区块链 过去、现在和未来

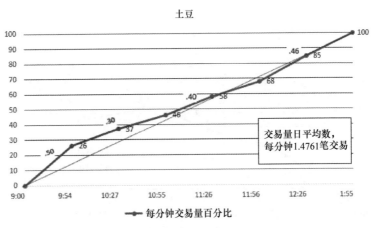

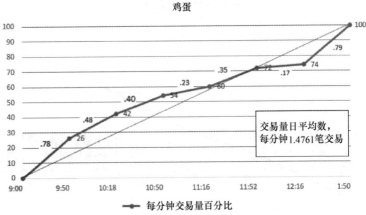

附录 G

所选委托商行的单一交易日的活动统计概要

数据是平均数据，括号里的数据是标准方差数据

商品订单 (不含跨式期权)	$\frac{92.5}{(71.4)}$	合约总数 (不含跨式期权)	$\frac{327.7}{(393.6)}$
确认商品订单数 (不含跨式期权)	$\frac{55.0}{(74.6)}$	合约总数 (不含跨式期权)	$\frac{186.1}{(245.7)}$
除以总约数		对冲者 $\frac{43.7}{(82.2)}$	投机者 $\frac{145.1}{(195.3)}$
对冲击和投机者买卖 (不含跨式期权)			
确认总数 订单中有24个合约或更多 (不含跨式期权)	$\frac{.12}{(.49)}$	订单合约总数 (不含跨式期权)	$\frac{3.6}{(14.0)}$
当天订单总数 (不含跨式期权)	$\frac{38.0}{30.6}$	每天合约数(不含跨式期权) 跨式期权总数	$\frac{105.4}{(100.2)}$ $\frac{46.5}{(107.3)}$
商品跨式期权 (一个跨式期权有两个合约)	$\frac{5.5}{(7.5)}$		
商品跨式期权的确认数除 以投机者和对冲击者的总 跨式期权数	$\frac{4.8}{13.6}$	跨式期权合约总数 对冲者 $\frac{2.4}{(9.3)}$	$\frac{20.1}{(50.2)}$ 投机者 $\frac{7.0}{(16.8)}$
当订单中有24个或更多 的跨式期权的总确认数	0	订单跨式期权总数	0
	$\frac{1.3}{2.4}$	当天订单跨式期权 总数	$\frac{7.3}{(18.4)}$
开盘执行总订单数	$\frac{66.2}{81.9}$	订单中未平仓总合约数	$\frac{249.4}{(253.5)}$
关市时执行总订 单数	$\frac{73.0}{92.3}$	订单中合约总数	$\frac{305.1}{(454.9)}$

附录 H

下表显示了加州商品咨询和研究项目（CCARP）从 1969 年 9 月 1 日到 1970 年 3 月的支出情况。重要的是要注意这个预算是 3

支出：桑德尔商品俱乐部财产：No.1-449470-44614
1969年9月到1970年3月

工资：

10月	1316.47		
11月	558.92		
12月	1585.29		
1月	3448.99		
2月	2257.75		
3月(大约)	1804.45	10 971.87	

其他支出：

ASUC店	72.63		
存物所	223.00		
图书馆	0.50		
邮寄	32.80		
计算机	593.89		
打印	27.30		
打字机租赁	57.92		
电话	107.70		
杂志和图书	196.46		
拜瑞·萨克斯教授费用	13.38		
差旅	2304.04	3 629.62	15 000.00
		14 601.49	14 601.49
			398.51

加州大学伯克利分校商业和经济研究所

月 31 日的估算。它不包括在 3 月份进行的 50 小时的研究助理的时间的费用，因为当时无法按大学规定来支付。这涉及约 175 美元。此外，一些账单可能仍然悬而未决。这可能达到几百美元。

还有一个应该提到的因素。预算显然不包括 4 月 1 日至 4 月 3 日期间产生的工资费用。这可能涉及约 350 美元。

附录 I

后续第一阶段的拟议预算概述如下。

工资	20 200 美元
供应品	400
邮寄	50
差旅	5 000
打字机租赁	100
电话	200
买数据	300
数据录入	1 500
计算机	10 000
	37 750 美元
非经常性开支拨备	3 775
总计	41 525 美元

预算中提供有主要研究者的夏季会议工资和技术顾问 Barry H. Sacks 教授的同等工资。此外，该工资包括三名研究助理的工资，他们在夏季前提供一半全职服务，然后在夏季提供全职服务。该数字还包括一名半全职秘书。计算机费用包括购买外部计划（如 SCERT）的估计数，以帮助评估和选择设备以及模拟和估算所需的额外支出。旅行津贴是访问交易所以考察交易和与商品官员商议的必要条件。对于考察已提交提案的大型机制造商安装的某些系统的运行情况，也需要差旅的费用。

附录 J
太平洋商品交易所和商品交易管理局

本附录的目的是简要介绍最近访问商品交易所管理委员会（CEA）的一些情况。我们的首席调查员花了一天时间与美国农业部的阿莱克斯·考德威尔（Alex Caldwell）、亚历山大·斯万特兹（Alexander Swantz）和其他几位经济学家交谈。谈话涉及 CCARP 项目的进展以及与自动化合约市场相关的联邦规则和法规的性质。华盛顿官员的初步回应认为我们的项目当然是合理的。我们的交易所为其审计等提供丰富信息的能力广受好评。此外，预计在为交易所保留计算机磁带上的记录时几乎也没有什么困难。CEA 的官员似乎响应积极并对我们项目的进展以及我们随后申请合约市场的规范表示出兴趣。

市场结构演变——市场从业者的视角

唐纳德·R. 威尔逊（Donald R. Wilson, Jr.）

DRW 公司创始人兼 CEO

当桑德尔博士向我询问是否可能为他的最新著作撰写该章节时，我感到很荣幸。虽然我经常反思市场结构是如何演变的，但我很少花时间来写篇文章。对于我来说，这是一个很好的机会，可以从日常的 DRW 公司运行中抽出时间来分享关于市场如何随着时间的推移而发展的一些重要想法，以及哪些新技术和因素可能对未来的市场结构演变产生重要影响。

当然，应用技术来提高市场效率是市场结构演变故事中最引入注目的头条内容。从公开叫价到电子期货市场的过渡是一个关键的——而且往往是痛苦的过渡，我亲身经历了（也许是有所贡献的）这一过渡。事情的变化以及它对我们这个行业的意义最好通过我 28 年职业生涯的难忘镜头来描述，这个职业生涯始于当时大部分时间都在公开叫价的交易柜台中。

我将首先叙述我的职业生涯，主要关注从交易柜台到屏幕的过渡。由于我的大部分交易生涯都在固定收益期货市场，这将是我叙述的焦点。但是，我有时会分开讨论到其他市场。接下来，我将讨论道德·弗兰克（Dodd Frank）推动的市场结构变化，以及一些用于完善已经实施的规则的机会。我将介绍 MiFID II，并对

电子交易和区块链 过去、现在和未来

此提出一些想法。最后，我将讨论一些最新的技术创新，以及它们如何影响市场和市场结构。

1989年1月，我加入了一家名为Letco的公司，这是芝加哥期权交易所（CBOE）的一家相对较小的做市公司。一个月前，我以优异的成绩毕业于芝加哥大学，获得了花费两年多时间学习的经济学学士学位。 芝加哥大学当然不以其社交生活而闻名，我花了大部分时间在科学图书馆的书堆中学习。即使做兼职候补老师来做航海课程的教学工作，我也几乎没有足够的钱来支付三年的大学学费。我没有拿学生贷款，也没有花一年时间来赚更多钱，而是决定全神贯注花费两年时间完成学业。但是，由于我一心一意地专注于完成大学学业，加上我不是在一个最擅长社交的学校的这一事实，因此没有什么机会可以磨炼我本来就不发达的社交技巧。

因此，令很多人惊讶的是，1989年10月，在Letco公司提供的10万美元的支持下，我开始在芝加哥商品交易所（CME）做欧洲美元期权交易——一个绝对是与人打交道为主的环境和业务。欧洲美元基于三个月的伦敦银行同业拆借利率（LIBOR），这是一个根据对银行的民意调查每日公布的完全是做出来的利率（稍后将详细介绍）。站在我身边的是100多个穿着色彩鲜艳的夹克的人；我的是红色的——这是CME的标准交易夹克的颜色。交易场中大约有三分之一的人是经纪人，为桌面经纪人执行订单，而这些经纪人又在楼上执行交易员的订单。其余的交易员既可以为公司工作，也可以为自己工作，所有人都争相从进入交

市场结构演变

易场的订单中获取"获利边际"。

从上午7点20分到下午2点,我在交易场中度过我的上班时间,然后回到我的单身公寓,在那里我有一台Macintosh SE计算机和一台ImageWriter II打印机。在晚上,我用Pascal编写代码来构建风险和期权定价模型,并对整个曲线的波动性行为进行建模。我的目标是始终关注什么是便宜的和什么是昂贵的,所以当我站在交易场中制作双边价格的选项时,我知道我真正想要的那一面。当然,交易场规则和礼仪都是这个过程的一部分,但对我来说它们是次要的。该业务最有趣的方面是有机会在世界上最大的利率市场的第一线来做交易和建模。与大多数仅交易流量的交易者相比,我花费大量时间和精力来做理论价值建模肯定给我带来了优势。

到1992年,我积蓄了一些资金并聘请了几位交易员和文员以及一名程序员,正式组建了一个10人交易集团DRW Trading。低头看着我的交易徽章上的"DRW"(我的名字缩写),突然灵光一现,就此找到我们公司的名字。DRW的目标与我1989年在交易场中开始时的目标相同:将定量研究和计算机科学与风险管理相结合,以捕捉市场中的机会。

同年,CME推出了Globex——一个期权和期货的电子交易平台。为了缓解CME场内交易员的担忧,交易所在第一天分发了T恤,上面写着"CME在白天交易";T恤前面是太阳,T恤后面是月亮,写着"Globex在晚上交易"。我当时想,这是用多么古怪的努力来让人们对市场的自然演变看不清楚。我注册成为Globex

电子交易和区块链 过去、现在和未来

欧洲美元期权和期货的首批流动性提供商之一。对我来说很明显，一切都会在几年内转移到电子平台——为什么不呢？

我于1994年搬到伦敦扩展我们在欧洲的交易。因为这是在欧元创立之前，所以有许多不同的货币和利率。第一年，我站在Bund期货的期权叫价交易场。我聘请交易员交易欧洲马克（Euromark）期权、Pibor期权、英镑看空期权、Bobl期权和BTP期权。大量相关工具产生了大量相对价值的交易机会。虽然Globex与美国的白天交易时间没有重叠，但在欧洲，Bund期货在DTB上以电子方式上市，同时它也在伦敦国际金融期货交易所（LIFFE）的公开叫价场上交易。我们经常交易两者之间的套利。从Bund期权公开交易场中，我看到Bund期货交易场中的当地人会"捡起"被送到交易场里的订单的手势信号，然后抢在原交易者之前交易。这种交易方式不可持续，除非有一个在您发送订单时订单不会落到他人之手的电子交易市场。当我1996年回到芝加哥时，我的思绪得到了加强——如果CME的大部分交易量在2000年之前没有转移到Globex，那么另一个竞争对手肯定会接管市场。虽然我的论断主题是正确的，但在时间节点上我却大错特错了。直到2004年，大部分欧洲美元期货才在屏幕上交易。即使是2017年，近70%的欧洲美元期权仍在叫价交易场中交易。

值得停下来思考的是，使期货比期权更容易转换到电子平台的一些因素。考虑叫价交易场和屏幕上的信息流之间的细微差别。在交易场中，如果经纪人需要市场报价，你可以看到是谁在询价——也许他不是最终用户，但你可能知道大概是怎么回事。当

市场结构演变

您回复时,您可以了解信息的来源。在屏幕上进行交易,当常规 Globex RFQ(向所有市场参与者广播)通过时,您不知道谁在询问。如果您决定回复,那么您在向正在观看的任何人传播有关什么物有所值的信息。你得到的唯一回应是有人会在你出的价格和你成交,或有人会跳过你的报价给出一个排在你前面比你的价格更容易成交的价格。如果他们不进行交易,你就得不到任何回应。虽然这对于易于定价且非常流动的东西来说是可接受的折中,但更多不透明工具的风险/回报率通常并不好。这就是其中一个原因,为什么虽然最具流动性的产品——特别是期货——现在主要通过电子方式进行交易,但较少流动的产品通常通过电话(并作为大宗交易完成)或在交易场中进行交易。另一个可能成为因素的问题——特别是在欧洲美元期权市场——电子交易所的坐席经纪人经常从交易场经纪人那里获得回款,以便向他们下订单,这给他们提供了在交易场中而不是在屏幕上执行的经济激励。我发现监管机构和市场运营商经常忽视这种利益冲突,但它们会对市场产生重要影响,这令人不可思议。

虽然从交易场到屏幕的迁移对行业来说是一种转变,但重要的是要注意,根据其方法的基本原理,对于一些市场参与者来说,这不是一个戏剧性的转变。从一个在期货交易场里总是靠他姐夫才能抢到交易订单的交易员角度来看,转型就是职业生涯结束。但从期货或期权交易者的角度来看,他们从事风险并持有具有正预期价值的头寸,这种转变相对较小。我在交易场的最后几天是在 2005 年。到那时 DRW 已雇佣 100 多名员工,我开始花更多的时间来研究公司的增长、新的商业机会以及市场结构变化对公司

电子交易和区块链 过去、现在和未来

整体的影响。

2008年的全球金融危机是DRW的转型期。不是因为我们赌中有一个金融危机或抵押贷款危机,而是因为我们的业务受益于更高的交易所交易量和更高的波动性。金融危机带来了很多交易量和波动性。同年9月,CME给我们机会竞标雷曼兄弟的清算衍生品,这些衍生品由于该公司破产而产生。在所有主要是大型银行的拍卖参与者中,DRW是固定收益投资组合、农业/肉类投资组合和外汇投资组合中的最佳出价者——占五种拍卖品中的三个。

利率投资组合规模巨大,不仅在直接市场风险敞口方面,而且在期权头寸的规模方面。由于DRW是如此众多产品的重要市场参与者,因此我们在投资组合定价方面具有真正的优势,并且在波动的市场中有效地抵消风险。结果是CME能够在高度波动的市场中完全依赖于雷曼所发布的利润率来清算一个非常庞大的投资组合,该系统按照设计工作,验证衍生品的清算模型。

不幸的是,一些未清算的衍生品风险敞口的结局并不好。例如,在AIG的情况下,看空未清算的信用违约掉期风险敞口导致了政府的救助。后面"多德-弗兰克法案"实施以确保不再发生这种情况。这是强制变革的规则,是市场结构演变故事的另一个主题。当起草多德-弗兰克法案时,我在华盛顿特区待了一段时间。我在那段时间里举行的最令人瞩目的会议之一是与一位负责撰写法案衍生部分的工作人员开会。当我问她清算掉期和期货之间的区别时,她有些不耐烦地回答说:"每个人都知道!掉期是有风险

的！"当然，从历史上看，期货比掉期更透明，因为掉期交易是双边交易而不用清算。然而，每个市场从业者都知道，在类似构建的清算掉期和期货之间没有经济上的差异，所以这次事件的爆发对我了解华盛顿的实际运作方式有非常大的教育意义。

多德-弗兰克法案中与衍生品市场相关的部分规定，可以清算的掉期必须清算，如果可能，必须在 SEF 上交易。从一开始，政府就迫使期货市场的大哥——即掉期市场——从一个相对不受管制的非结构化市场转变为一个受到高度监管且更类似于期货市场的市场。事实上，掉期交易市场现在对期货交易的限制性规则比期货市场更为严格，利润率大幅提高，成本也大大提高。在我看来，我们仍然处于适应这些法规的市场的早期局面。

由于认为当前通过掉期市场的大部分交易量将转换为期货，我与其他人合作创建了一个在经济上等同于掉期的利率掉期期货合约（USPTO 申请号：12 / 806,860 "公正的、集中清算的金融工具以及清算和结算方法"）。这种方法促成了 Eris 交易所的推出，这是一个期货交易所，列出了利率互换期货合约，在经济上等同于传统的利率掉期。我的逻辑就是这样——政府凭借其无限的智慧，正在实施规则，使掉期交易变得如此繁琐和昂贵；期货最终将成为交易的首选方式。请考虑以下因素：掉期必须具有 5 天的 VAR（value-at-risk，风险的价值）的最小保证金，而期货必须至少具有一天 VAR。在期货中注册为流动性提供者的要求仅仅是一个实体被 FCM 审查通过并过账保证金（这很有道理，因为 FCM 向清算所担保交易公司）。但是，为了在掉期交易中进行相同的活

电子交易和区块链 过去、现在和未来

动——甚至只是在清算掉期中——一个实体必须注册为 CFTC 的掉期交易商，我们估计第一年的成本为 275 万美元，持续的年度成本接近 200 万美元。如果多德-弗兰克法案的目标之一是通过使市场多样化而不依赖于过大而不能倒闭的银行来降低系统性风险，那么它显然已经失败了。虽然 Eris 交易所现在有 70% 的持仓量，但它的 ADV 处于低端。尽管如此，随着规则继续分阶段进行，我确实预计 Eris 合约会被大众接受。

推动市场创新的另一个例子是我开发的差异掉期期货合约。差异掉期是未清算的协议，使市场参与者能够在一段时间内支付或收到某种波动水平与实际实现波动率之间的差异。它们通常通过场外交易市场交易股票指数。差异掉期期货合约背后的方法称为 Trade Rivet，提供场外交易惯例，在经济上等同于差异掉期，但它提供了标准化、集中清算的产品。我们将该 IP 授权给标准普尔 500 指数的芝加哥期权交易所（CBOE），以及欧洲斯托克 50 指数的欧洲期货交易所，两家交易所现在提供差异合约。关于未清算掉期的规则刚刚开始逐步实施，最终我看到市场参与者正在迁移到这些产品上。

我们还与洲际交易所合作开发已宣布但尚未推出的产品，即 ICE 基金利率合同。这种产品的推动力不是多德-弗兰克法案，而是巴塞尔协议 III。它将提供另一种回购方式，以及货币市场基金投资的另一种方法——所有这些都不会对银行 FCM 产生任何资产负债表影响。该合同的利率将由一份公开、透明和具有竞争力的中央限价订单确定，与 LIBOR 的情况不同，LIBOR 基于对银行"认

为"LIBOR 的日常调查。难怪我们已经看到 LIBOR 成为操纵的牺牲品。

如果不讨论速度，就不可能完成市场结构演变的概述。Michael Lewis 的《闪电男孩：华尔街起义》对美国股市交易的发生方式进行了详细审查，并且关于速度在市场中的作用的头条新闻继续存在。具有讽刺意味的是，Spread Networks——在芝加哥和纽约之间建立的超快速光纤网络，在《闪电男孩：华尔街起义》一书中被提道——在它完成后不久就被淘汰了。市场参与者已经在开发微波路径，这比光纤要快得多。Lewis 对一个市场的描述，说订单会被更快的市场参与者"抢先"成交，这种观点充其量是有误导性的。国家市场系统（NMS）监管法规、暗池、订单流量支付、内部化以及现在像 IEX 那样实施延迟的交易所，这些组合因素造成了现有股票市场的极度缺陷——需要进行全面改造。随着越来越多的订单被出售和内部化，"照亮"的透明市场已经大不如前。由于经纪人出售他们的订单流而不是被要求在被照亮的透明市场上下订单，因此产生了大量的利益冲突。想象一下，如果所有订单必须被送到公开"照亮"的交易场地，除了一些非常大（块）的交易外，市场将具有多大的流动性和稳健性。这些问题都不利于资本形成，我希望美国证券交易委员会（SEC）能够解决其中的一些缺点。

在外汇市场中，主要的现金匹配引擎已经从简单的中央限价订单簿转为高度复杂的匹配算法，所有这些都是以公平竞争的名义进行的。在 EBS 和路透社平台上，订单在到达平台时不再匹配。相反，一旦订单到达，就会启动秒表，然后将市场冻结一段时间，通常约为3毫秒。在冻结期间，到达匹配引擎的新订单全部与到达的第一个订单放在同一个篮子中。此时，在所有订单之间进行抽奖，并且选择随机的"赢家"然后与订单簿中的静止订单匹配。虽然有些人认为这是一个好主意，因为它可以抵消速度优势，但我相信这会增加不必要的复杂性。更糟糕的是：任何在外汇匹配引擎账簿中有静止订单的市场参与者都可以随时取消订单，这种取消订单被定位最高优先级！这是一种不太隐蔽的"最后看"形式，这种做法导致一些银行被罚款。在这种情况下，市场基础设施提供商强迫这种做法，在我看来，承担着重大的法律和监管风险。

在整个DRW的历史中，我们主要专注于在期货和期权市场中承担风险并提供流动性，因此我们并不是在探索更快地传输信息的开拓者——我们不需要这样做。有很多市场参与者在速度上过度投资，只是发现他们的优势过时了。然而，当我们在2012年底接触到Vigilant（一家以业务中拥有最佳微波路径而闻名的贸易公司）时，我们看到了一个超越竞争对手并提高Vigilant正在进行交易的风险的机会。在2015年初，我们还收购了Chopper Trading的资产，Chopper Trading是另一家在速度上投入巨资的公司，因为我们看到了将其基础设施与Vigilant路径相结合的机会。速度始终是重要的且一直如此，但我们将其视为我们核心业务的补充——没有合理的风险承担技能和明智的策略，速度毫无价值。

MiFID II是欧洲实施的监管框架，是监管机构强加的规则的另一个例子，它将对市场结构产生深远的影响。但是，由于有很

市场结构演变

多关于法规的未解决的问题,我甚至不会猜测它会如何影响事物。由于施加规则的布鲁塞尔监管机构的反对意见,监管很可能是如此繁重,以至于某些市场活动实际上会被挤出欧盟。

我将以业内所有人都在谈论的最新技术——区块链来结束。过去两年来,人们对这项技术如何改变市场运作方式进行了大肆宣传,甚至可能否定对银行和清算所的需求。在 DRW,我们很早就在考虑区块链。DRW 最大的优点之一就是我们吸引了许多对新想法充满好奇的聪明人,以及这些新想法如何应用于我们的业务。他们中的一些人开始跟我谈论比特币,声称其影响将是巨大的。他们的论点是,比特币会改变价值的转移方式,区块链——比特币下的分布式数据库——是一项革命性的发明。他们的结论是,为了从这项创新中获益,我们应该长期使用比特币,并且我们应该开始提供流动性。

我同意他们的观点,并向前迈进了一步。虽然我发现比特币很有吸引力,但我也看到区块链本身可以用来提高传统金融市场的效率——一个新的应用程序。这导致了我们与 Sunil Hirani 一起推出的 Digital Asset Holdings 的成立。两名 DRW 员工 Yuval Rooz 和 W. Eric Saraniecki 成为 Digital Asset Holdings 创始团队的一员,并且目前仍然是公司的领导者。有趣的是,我们很快就认定它实际上是分布式账本,并且是金融基础设施提供商更合适的支柱,而不是最初引起我兴趣的公有链。在业界资深人士 Blythe Masters 于 2015 年 3 月成为首席执行官之后,该公司获得了更高的知名度,并继续筹集大量资金,其中包括来自 J.P. 摩根、DTCC 和高盛等主

电子交易和区块链 过去、现在和未来

要金融公司的 6000 多万美元资金。

2014 年,我们成立了 DRW 的全资子公司坎伯兰(Cumberland),以加大比特币和其他加密货币的流通,并遵循我们团队的最初的建议,投机性地挖掘加密货币。坎伯兰公司现在是最大的比特币和其他位居前列的加密货币流动性提供商之一,专注于机构规模的场外交易。虽然加密货币现在已广为人知,但在我们刚开始成立坎伯兰公司时,它们更具争议性——以至于我从 20 世纪 90 年代初以来就拥有个人支票账户的哈里斯银行坚持要求关闭我的账户,因为我与涉及比特币的实体相关。同样,当 Sunil 和我最初向银行提出数字资产的想法时,许多人难以置信地看着我们。毋庸置疑,这个领域的进化速度非常快。

值得一提的另一个发展是以太坊正在发生的事情。以太坊协议允许链接到新项目的令牌构建在分布式账本之上,这反过来又创建了网络效应的新方法。已经启动的一些想法非常有趣,令牌产品周围的投机能量令人印象深刻。虽然其中许多项目无疑会失败,但至少有一些项目会非常成功。与金融业相关的基于以太坊的项目的一些例子是去中心化的预测市场(期货市场可以被描述为预测市场)、自主去中心的流动性提供者和去中心的对冲基金。在某种程度上,与现有的传统集中式金融基础设施相比,这些项目代表了对去中心、无信任环境的益处的争论。我个人认为,我们最终将采用去中心化带来的一些好处,同时仍然保持传统中心化信任中可信赖的中心化机构带来的好处。毫无疑问,值得密切关注这一领域的发展。

市场结构演变

当我回顾导致市场结构转变的原因时，会出现一些明确的主题。转移可以分为两大类：第一类是技术创新，这反过来又可以实现新的效率；第二是监管变革，它要求市场结构发生变化，也可以创造发明和部署创新的机会。在快速技术创新和广泛监管变革的这个时期，我们应该期待持续的戏剧性和深刻的市场结构演变。

回到 DRW，我们试图以一种使我们能够从这种环境中受益的方式发展公司。DRW 现在是一家多元化公司，在全球拥有 800 多名员工。我们使用多种方法在任何时间框架内管理大多数主要资产类别的风险。我们只用我们自己的资本来投资，这意味着我们可以非常灵活和善于捕捉机会。最重要的是，我们鼓励一种求知欲的文化，让真正聪明的人能够表达新的想法和应用。2017 年，DRW 年满 25 岁。我希望我们能够为未来 25 年的市场结构变化做好准备。

区块链猜想——降低实现公正和可持续未来的门槛

唐·泰普斯考特（Don Tapscott）

个人笔记

2013年，当我的出版商邀请我撰写《数字经济》（20周年纪念版）时，我偶然发现了区块链世界。事实证明，1994年写的这本书很好。它向全球商业用户介绍了互联网和网络的含义，认为这是人类通信的新媒介，可以实现人类智能的联网。我解释了新经济的12个主题，如分子化、开放性和非中介/补救。我解释了互联网如何破坏从音乐和媒体到旅游和制造业的各种模式，同时表明诺贝尔经济学奖得主 Ronald H.Coase 的理论可以帮助我们理解技术对公司的影响。这本书还对隐私、社会不平等以及可能的碎片化公共言论等问题敲响了警钟。

对于20周年纪念版，我为12章原创章节中的每一章写了一篇新论文，讨论未来20年可能会带来什么。在技术变革方面，我开始考虑比特币及其底层区块链技术。

幸运的是，我的儿子 Alex Tapscott 当时是一位投资银行家，他在比特币和加密货币方面获得了大量的生意，并开始认真考虑这项技术。

电子交易和区块链 过去、现在和未来

在川布棱特山（Mt Tremblant）的父子滑雪之旅的晚餐期间，我们交换了意见并决定开始就该主题进行合作。很快，我们决定一起写一本书，开始了一场愉快的合作，导致了《区块链革命：比特币底层技术如何改变货币、商业和世界》这本书最终于2016年5月出版。我们的出版商说他们从未见过如此强烈的所谓"对商业书籍的高度赞扬"，我们收到了来自世界上一些最重要公司的30位名人和首席执行官的证言。Clay Christensen 说，这将成为"我们这个时代的标志性书籍。"Klaus Schwab 表示，这可能会"改变全球话语。"Steve Wozniak 称之为"令人兴奋的"，这反过来又让我们大吃一惊。

我写了16本书，最早可以追溯到1981年，这些并不都是畅销书。令人高兴的是，区块链革命开始了。在撰写本文时，它仍然是许多亚马逊类别中的畅销书籍——数字货币甚至银行业整体——自2016年5月问世以来。它也走向全球，被翻译成十几种语言。

这本书带来了许多压力，理解这些压力对我个人来说是一个挑战，更不用说管理好了。但是在尝试的过程中，我比在我（相当长的）生活中的任何一刻都有着更多乐趣并感觉更有效率。TED 让我做了第一次关于区块链的 TED 演讲，并且在 TED.com 上发布的几个月内，有超过200万人观看了。当我的经纪人签下我儿子 Alex 时，他绕开了创建加密货币基金的计划。在接下来的8个月里，他向十几个国家的观众发表了100篇演讲。除此之外，IMF 首席执行官 Christine Lagarde 还聘请他担任 IMF 全球金融科

区块链猜想

技咨询委员会的创始成员，该委员会正在重新思考全球金融体系。Alex 随后成立了 NextBlock——可以说是世界领先的数字货币基金，并为世界各地的人们提供了一种以周到和简单的方式参与这一资产类别的工具。

然而，当谈到这项新技术时，问题远远多过答案。Alex 和我决定成立区块链研究所。我们将对区块链的用例、机遇和实施挑战等战略问题进行最终调查。这个耗资数百万的计划包括 10 个垂直行业的 60 多个项目。我们还在进行关于区块链如何改变我们管理机构和组织经济能力的项目。

有了这样的个人背景，我很高兴在本书中分享我的一些想法。让我向您，有风度的读者提供以下例子：像第一代互联网一样，区块链、比特币和以太坊等加密货币的基础网络技术，正在带来一个开放、去中心和包容的新时代。区块链（也称为分布式账本）技术利用全球对等网络的资源来确保数十亿人和设备之间交换的价值的完整性，而无须通过可信任的第三方。与互联网不同，区块链是分布式的，没有集中所有权；开放，不隐藏在付费墙后面；包容性，而非排他性；不可改变的，数据不被审查者、骗子或强盗强权改变；通常可以防止黑客入侵。区块链带来了前所未有的创造和交易社会价值的能力。作为点对点平台，它将颠覆现有的组织形式，颠覆层级和官僚机构的层次，实现能源环境的可持续性，并实现工业和社会的根本变革。

在本章中，我通过研究金融服务、新商业模式、物联网和点

电子交易和区块链 过去、现在和未来

对点电子交易中的用例,来提供区块链起源和潜力的一个视角。

区块链:伟大的均衡器?

有赖于某人的观点,区块链可以代表相对微不足道的东西——一种只有有限应用场景的新型数据库或分布式账本;也可以说是非常大的东西,从经济角度来说,任何能够访问互联网的人,现在可以在世界任何地方不经任何其他人的许可就可在全球范围内进行交易。在《经济学人》的一篇封面故事中,《经济学人》将区块链与复式记账相提并论,而复式记账是几百年前会计制度中的一个重要突破,它是公司和资本主义发展的基础[1]。这就非常重要。

在《区块链革命:比特币底层技术如何改变货币、商业和世界》一书中,Alex和我提到区块链技术的出现是互联网的第二个时代。第一个时代是由信息、信息互联网、用于传递信息的对等机制以及在线协作来定义的。虽然它使公司能够直接与消费者互动,在线接受订单,提供数字商品、服务和体验,但它并没有从根本上改变我们的业务方式。公司和市场仍然是纵向或横向整合的等级制度,相对不透明和孤立,变化相对缓慢。我们可以说公共机构也一样。

当我们在互联网上发送完信息时,这些信息会完好无损地还在我们手上。

区块链猜想

为什么呢？因为当我们向某人发送信息时，如电子邮件或附有照片的短信，我们实际上是发送信息和照片的副本，而不是原件，这通常都是合法的。但金钱不是如此。当我们向某人发送1美元时，该美元需要离开我们的钱包并转到另一个人的钱包。因此，我们依靠强大的中间人来验证我们是否已将真正的美元而非假币从我们的账户转移给其他人。银行、政府甚至像Facebook这样的社交媒体公司都在确认我们的身份，验证我们拥有的资产，帮助我们转移这些资产并完成我们之间交易的结算——换句话说，他们在做建立信任的工作。

总的来说，他们做得非常好，但好处是不对称的。他们使用集中式服务器，当被黑客攻击时，我们就面临问题。另外，他们在我们的每笔交易中抽取一部分佣金，他们捕获我们的数据，不仅阻止我们为了自己的利益而使用它，而且经常破坏我们的隐私。它们有时不可靠并且通常很慢。他们排除了不满足银行或信用卡账户最低要求的20亿人。最有问题的是，他们几乎在所有有价值的交易中拥有寡头垄断的权力。2008年，在全球金融危机之后，一位名叫中本聪（Satoshi Nakamoto）的匿名人士发布了一份关于《一种点对点的电子现金系统》的白皮书，介绍了加密货币比特币[2]，从此进入区块链时代。在我们看来，中本聪的创新标志着开启了互联网的第二个时代——价值互联网。加密货币与传统的法定货币不同，因为没有美联储、中央银行或政府财政部发行或控制其供应。相反，网络本身验证交易，将它们打包成一个块，并将其链接到前一个块，形成一个块链——因此，叫区

电子交易和区块链 过去、现在和未来

块链。

为了确定谁创建下一个块,比特币网络使用所谓的工作量证明共识机制。这可能听起来很复杂,但这个想法很简单。网络上各节点得到难以解决的难题(即它需要大量工作才能找到答案),但易于验证(即其他人都可以非常快速地检查答案的正确性)。网络上的节点同意首先解决问题的人创建下一个块。节点必须花费资源(即计算硬件和电力)来通过找到正确的散列(一种用于文本或数据文件的唯一指纹)来解决难题。对于他们找到解决答案的每个块,节点接收比特币作为奖励。这种为解决难题而狂热消耗能量做计算的行为被称为比特币挖掘,而这样做的节点被称为矿工。该难题是在数学上设置为排除最优解,只能靠穷举试错来寻找答案。

这就是为什么当网络的其余节点看到答案时,每个人都相信很多工作都用于制作它。这就是中本聪的协议如何确保数十亿设备之间交换的价值的完整性,而不需要可信赖的中间人。

互联网的第一个时代是由计算和通信技术的融合引发的,第二个时代是由密码学、数学、软件工程和行为经济学的巧妙结合所驱动的。就像之前的互联网一样,区块链承诺颠覆商业模式并打乱现有行业——但这一次,我们对变革抱有更合理的期望。它已经在推动我们挑战我们如何定义价值、结构化价值创造和奖励参与。

我们认为区块链技术是一种新的资源,具有对电子交易至关

区块链猜想

重要的 7 种品质：

1）每个区块链，就像使用比特币的区块链一样，是分布式的：共识算法的目的是将决定区块链状态的权限分配给去中心化的一组用户，这样就不需要有易受人攻击或关闭的中央数据库。我们可以直接和安全地交易价值，而无须通过银行、信用卡公司、PayPal 或西联汇款公司、政府或其他中间人。通过将比特币的发行与分布式账本中新区块的创建联系起来，中本聪甚至将铸币也进行了去中心化。

2）区块链是加密的：它使用涉及公钥和私钥的重量级加密（更像是访问保险箱的双钥匙系统）来维护虚拟安全性。任何人都可以获得一组密钥，其中公钥用作公共地址，私钥用于授权交易。我们不必担心欺诈者、垃圾邮件发送者、身份窃贼、网络钓鱼者、间谍、僵尸服务器场、黑客、网络欺凌者或数据劫持者。

3）在许多情况下，区块链是公开的：任何人都可以随时查看区块链，因为它驻留在网络上，而不是在负责审计交易和保存记录的单一机构内。没有人可以隐藏交易，这使比特币比现金更具可追溯性。它是开源代码：任何人都可以免费下载，运行它并使用它开发用于在线管理交易的新工具。

4）区块链在很大程度上是包容性的。中本聪想象典型的人会通过他所谓的"简化支付验证"模式与区块链进行交互，这种模式可以在移动设备上运行[3]。现在任何拥有翻盖手机和一套加密密钥的人都可以参与全球经济，无须提供身份文件。毕竟，网络没有验证身份。它仅验证两条数据：事务消息的发送者控制指定的值的数量，并且他们用他们的私钥来授权事务。

5）区块链是不可改变的。在几分钟甚至几秒钟内，所有进行的交易都会被验证、清算并存储在链接到前一个块的块中，从而创建一个链。每个块必须引用前面的块才有效。这种结构永久地加时间戳并保存价值交换，防止任何人改变账本。

6）区块链具有高度的可编程性。我们可以记录、利用和交易我们可以在代码中表达的任何有价值的东西——合同、契约和所有权、知识产权、财务账户、教育证书、病史、保险索赔、公民身份和投票权、便携式资产的地点、食品和钻石的来源、工作建议和绩效评级、与特定成果相关的慈善捐赠、就业协议和管理决策权等。

7）区块链是带有历史数据的。如果我们想要窃取比特币或其他资产，我们必须在光天化日之下在区块链上重写比特币或资产的整个历史记录。因此，区块链是一个分布式账本，代表了每次发生过的交易的网络共识。因此，我们必须完整保留区块链。这就是存储很重要的原因。

网络上的节点不需要知道其他节点是谁。这在传统意义上有两个原因。首先，区块链使每个节点能够根据区块链上的交易历史以及与其交易的其他节点，利用社交资本生成一种新的持久经济身份。每笔交易都可以逐步计入声誉和信誉。此外，具有多个密钥集的任何节点可以决定用哪个地址与哪些其他方进行交易。

区块链猜想

具有多个设备的用户可以维护多个节点。

其次,区块链协议通过决策权、激励结构和运营来使节点自身利益与维持网络安全性保持一致。因此,他们可以直接进行交易,期望其他节点将以合乎规矩的方式行事,而不是因为这些节点在决策和采取行动时是诚实的、体贴的、负责任的或透明的,但是因为没有诚信的行为要么是不可能的,要么花费不可行的时间、金钱、能源和声誉。

这个新资源非常重要,以致有些人将区块链称为像互联网一样的需要公众支持的公用设施。安永会计师事务所区块链技术的首席和全球创新领导人Paul Brody认为,我们所有的设备都应该为区块链的维护提供处理能力:"由于智能手机业务推动了非常低成本的系统,您的割草机或洗碗机将会带有一个比它实际需要的功能强大一千倍的CPU,那么为什么不让它用来挖矿?"他说:"不是为了赚钱,而是为整个区块链的安全性和可行性做出贡献。"[4]

我们以前从未有过这种能力——直接在两个或更多陌生人之间进行可信交易,通过大规模协作进行认证,并由集体自身利益驱动,而不是由受利益驱动的公司或以权力为动力的政府来认证。这是一个由艾伦·图灵开启的潮流,这是去中心的账本技术带来的真正的范式转变。

三驾马车:比特币、以太坊和超级账本

比特币区块链于2009年作为点对点支付系统推出——将其视为区块链上的去中心化应用程序(dapp)。因此,它为各方提供了

电子交易和区块链 过去、现在和未来

一种没有中间交互的摩擦以及相关的费用和风险的交换价值的方法。在撰写本文时,比特币已不仅仅是2746.78美元的交易媒介,而且其市值还超过450亿美元[5]。我们已经看到它的工作量共识机制经过了验证。随着矿工数量的增加,解决难题的难度增加,因此整个网络的哈希算力上升。随着哈希速率的增加,比特币网络的安全级别会提高,前提是没有矿工池形成超过51%的哈希算力。

以太坊区块链于2015年推出,作为一个开源软件平台,用于在以太坊上执行完全去中心的应用程序。以太坊项目筹集了1800万美元,通过出售本地令牌以太币来为其发展提供资金。利益相关者需要以太币来支付平台上的计算步骤和存储操作[6]。很快,许多dapps已经投入使用,并且以太坊的价值呈指数级增长。在撰写本文时,以太币单位(ETH)价值225.23美元,市值超过210亿美元[7]。以太坊区块链的第一个版本——Frontier——也使用了工作证明共识机制。对于以太坊的创始人Vitalik Buterin来说,他头脑中只有三个安全的去中心化的用户组,每组都对应一组共识:计算能力的拥有者,采用标准的工作量证明算法燃烧很多能量;利益相关者,在钱包软件中有着各种基于权益证明(Proof-of-Stake)共识算法;社交网络成员,具有"联邦式风格"的共识算法[8]。以太坊的开发者希望用Casper取代Frontier,这是一种权益证明机制。权益证明要求矿工投资并持有一些有价值的存储(即区块链的原生代币,如以太币),以便对区块链的状态进行投票。他们不再是矿工;他们是验证人。他们不需要花费能源来投票。如果他们违反规则,他们可能会失去他们抵押的财产。

区块链猜想

51%的工作量证明模型的攻击源于集中的采矿能力，对权益证明模型的攻击来自集中的代币控制，而代币交易所通常是最大的利益相关者。在某些司法管辖区，交易所必须获得许可并受到监管审查。他们也有声誉，因此他们有多种激励措施来保护他们的品牌价值和账户钱包中的代币价值。然而，随着更多代币进入流通，PoW 和 PoS 区块链上会注册价值更加多样化和更具战略性的资产，攻击者可能并不关心任何这些成本。

以太坊和比特币不是真正的直接竞争者，而是朋友。它们满足不同的需求：比特币是加密货币的主力、非常适合匿名、安全的点对点金融交易、易于设计专用代币但是很难用来构建整个业务，而以太坊是为开始编程新型数字价值并建立新的去中心化企业、网络和组织的平台而设计的。

超级账本（Hyperledger）项目是一个开源协作，旨在推动银行、制造、供应链和物联网等行业的区块链技术。由 Linux 基金会主办的工作重点是分布式账本和与加密货币分开的智能合约，适用于网络中的参与者希望共享记录保存系统并在该共享账本之上自动执行其他交易的情况。2017 年 7 月，它推出了第一个代码版本 Fabric 1.0。项目的领导层将分布式账本技术视为去中心化市场和数字社区的操作系统，"从根本上来说，就像 Linux 操作系统是云中的基础一样，就像互联网协议是基础一样。"[9] 开发人员可以构建一个加密货币或用于跟踪其他数字资产的系统。其成员已有超过 130 个不同的组织，从 IBM 和英特尔到 J.P. 摩根大通和富国银行，他们通过基金会支持超级账本的基础设施。

电子交易和区块链 过去、现在和未来

智能合约的概念由 Nick Szabo 在 1997 年提出[10]并主要由以太坊社区实现,它其实是把交易或交易系列的属性或条款和条件编成代码的软件。代码管控其执行,并在一定程度上确保其执行。智能合约允许多个匿名方签订具有约束力且完全透明的协议。当事人可以在账户之间转移价值,也可以在智能合约中保留托管价值。由于这些合同只是代码,它们的应用程序仅受其开发人员和交易撮合者的想象力的限制。考虑以太坊的第一个杀手级应用:初始代币募资(ICO)。如果一家公司想在以太坊上发行自己的令牌而不是推出自己的区块链,那么它会编写一段基本上像是做银行业务的代码,以便公司可以在账户之间做转账交易。有无数种方法可以做到这一点,其中大多数都是彼此不兼容的[11]。以太坊社区的某个人提出了发放令牌的标准,社区的其他人对其进行了审查,并且协作努力导致了 ERC-20 标准——实际上是一个样板合约——以便以太坊用户可以更好地相互交易。

如今,区块链行业中最优秀、最聪明的企业家并未敲开硅谷的大门以获取资金。相反,他们通过 ICO 进入数千人的全球投资者网络,在此过程中筹集了数百万美元。截至 2017 年 7 月,区块链企业家通过 ICO 筹集了惊人的 4.77 亿美元,但不到传统风险投资的一半[12]。至关重要的是,其中约 75% 使用了以太坊的 ERC-20 令牌标准,并且在以太坊上的现有项目和组织价值 27 亿美元[13]。因此,以太坊正在利用网络效应。在以太坊上执行的 ICO 越多,它变得越有吸引力并占据主导地位,它吸引了越来越多的 ICO。

大企业也为以太坊的成功做出了贡献。非营利性企业以太坊

区块链猜想

联盟已成为全球最大的开源区块链联盟,致力于制定行业标准。其 150 名成员中包括英国石油、思科、英特尔、微软、摩根大通、三星和丰田等财富 500 强企业。2016 年是私人区块链的一年,2017 年正在成为企业的以太坊年。最重要的是,以太坊已经在全球范围内激活了数千名开发人员。

以共识系统公司(ConsenSys)——一个以太坊开发工作室为例。它的使命是通过其投资组合来对目前集中化架构的系统进行去中心化的改造。ConsenSys 正在进行三种分布式创新。首先是其解决方案的核心组件,包括 BTC Relay(它使以太坊用户能够确认比特币区块链的交易)以及 MetaMask(这是一种通过常见浏览器访问网络 dapps 的浏览器扩展)。其次是自己的项目,如 Balanc3(一个三式记账的会计系统),以及 BoardRoom(一个组织治理系统,在区块链上分配决策权)。最后是它与微软公司合作发布以太坊区块链即服务;Innogy Innovation,创造太阳能生产商与当地企业之间的市场;LO3 Energy,提供 TransActive Grid,实现超本地化的能源市场;SingularDTV,制作和发行原创电影和电视内容。

我们可能会把所有这些活动都写成非理性的繁荣。然而,有超过 875 种加密货币和资产被列出,估计总价值为 922 亿美元[14]。从这个角度来看,这只占苹果市值的 12%[15]。我赞成,是的。区块链行业尚未进入非理性领域。

这并不是说智能合约没有挑战。2016 年 5 月,一个名为 DAO 的组织,为去中心化的自治组织,从数万名全球投资者那里获得了1.6亿美元的资金。DAO与其他所有初创公司的区别在于缺乏管理。DAO是一组在以太坊区块链上运行的智能合约。其利益相关者——人类——可以审查和投票表决DAO如何分配资金。

DAO允许令牌持有者通过"拆分功能"从DAO撤回其以太币。此功能允许用户撤回投资流程并返回他们发送给DAO的以太币。2016年6月,黑客利用该功能要求DAO多次返回以太币("递归调用"),然后DAO才能更新自己的余额。黑客成功地从DAO中将大约7000万美元的以太币分配到一个单独的DAO中,按照智能合约的条款,这些以太币可以在黑客将其发送到另一个账户之前停留28天。

这给以太坊社区几个星期的时间来决定做什么,如果想得到办法。成员们开始传播提案。有人提出了一个软分叉,旨在将来自DAO的任何事务置为黑名单,但是一些成员发现了智能合约中的一个错误,它会让DAO暴露在拒绝服务攻击(DOS)下[16]。

另一个提出了基础代码中的硬分叉,旨在追回黑客通过递归调用漏洞攻击所获得的所有以太币,并实现仅具有"提款"功能的新合约。DAO令牌持有者可以要求每100个DAO令牌退还一个以太币。那些为100个代币支付了一个以上以太币的人可以要求退还差价。

6个不同类别的利益相关者——开发商、交易所、矿工、采矿池、代币持有者和其他社区成员——都积极加入了关于是否分叉的非常激烈的辩论中。那些主张硬分叉的人试图阻止黑客控制流通中的大部分以太币。那些反对的人试图阻止他们认为对以太坊区块链的审查。有些人将代码视为法律：DAO 合同的条款无论多么有缺陷，都应该成立，投资者应该为维护太坊作为不可改变链条的声誉的更伟大目标而接受牺牲。最后 6 个利益相关方团体以压倒多数（89%）投票赞成硬分叉[17]。然后，以太坊平台的用户必须自行决定是使用分叉版本还是继续使用非分叉版本，现在称为以太坊经典（ETC）。

无论如何，代币已经成为表达价值和智能合约的一种方式，作为管理价值交换的手段。企业家 Benjamin Roberts 做了这样的比喻："就像 HTTP 数据包是万维网的基本单位一样，令牌相当于互联网价值基本单位。"[18]

这是一个很好的类比。我们可以将一个令牌与一个分子进行比较——我们可以将一种物质分解成最小的颗粒并且仍然具有该物质的原始特性。我们可以将比特币分成 8 个小数位，最小的单位是聪（Satoshi），现在价值 0.0000277081 美元[19]。类似地，令牌是在区块链上交易的最小分子价值单位。这个价值几乎可以是任何东西。正如我们可以将音乐家或个人歌曲的未来版税收入流证券化一样，我们可以将我们可以用数字表示的任何东西标记为任何可交换的东西。

Roberts 指出，令牌不仅仅是价值，也不仅仅是数据，而是兼而有之。我们可以"以同样的方式包装所有东西，"他说，无论是

电子交易和区块链 过去、现在和未来

一杯咖啡还是 Jackson Pollock 的画[一]，甚至是"如关注度或计算这样的抽象概念，他们都可以拥有相同的代表性……这就是金融工程的民主化，金融工程可供所有人使用，金融工程的产品也可供所有人使用。"

降低交易成本：容易实现的目标

金融服务

诺贝尔奖获得者 Joseph Stiglitz 在评估 2008 年金融危机时写道，银行"尽其所能以各种可能的方式增加交易成本。"他强调，即使在零售层面，基本商品和服务的支付费用"应该只花费一分钱的一小部分。"然而，他们收取了销售价值的 1%、2%、3% 或更多。资本和规模以及监管和社会经营许可相结合，使银行能够尽可能多地在国家，特别是在美国，获取数十亿美元的利润。

这不仅是对传统银行（如美国银行）的批评，也是对收费卡公司（Visa）、投资银行（Goldman Sachs）、证券交易所（纽约证券交易所）、结算所（CME）、电汇/汇款服务（Western Union）、保险公司（Lloyd's）、证券律师事务所（Skadden、Arps）、中央银行（Federal Reserve）、资产管理公司（BlackRock）、会计师事务所（Deloitte）、咨询公司（Accenture）和商品交易商（Vitol

---

[一] Jackson Pollock (1912—1956)，美国画家，抽象表现主义绘画大师，也被公认为是美国现代绘画摆脱欧洲标准、在国际艺坛建立领导地位的第一功臣。摘自百度百科。

Group）的批评。厚重的金融体系——强大的中介机构整合资本并经常实行垄断经济学——这些机构变得缓慢，增加成本，但他们排除那些要花过高成本提供服务的客户，但其实这些客户仍然能给他们带来巨额的利益；而其他人则在经济衰退期间失去了家园和工作。

我们已经看到令牌化和智能合约如何扰乱首次公开募股市场。这是亚历克斯和我最初称之为"金八大"（八种类型的金融服务）中的第一个，其中区块链将从交易中剥离费用和成本。我在这里增加了第九种。

1）**投资**。在区块链之前，金融业独自创造了市场，在每个增长阶段都将投资者与企业家和企业主进行匹配，从天使到首次公开募股。筹集资金需要中介机构——投资银行家、风险资本家和律师等。区块链自动化了许多这些投资功能，使 ICO 能够进行点对点融资，并且可以使记录红利和支付票据更加高效、透明和安全。

2）**认证身份**。在区块链之前，我们不得不依靠这些中间人来核实非现金交易中各方的身份和持有情况。这些中间人一直是获得银行账户和贷款等基本金融服务的终极仲裁者。区块链降低并有时消除某些交易中的进入壁垒。该技术本质上使对等节点（无论是人或事物）能够建立可验证、健壮且加密安全的账户。

3）**转账和汇款**。金融系统每天都在全球范围内转移资金，并确保小到从购买 iTunes 上的一首 99 美分的歌，大到从欧洲转

电子交易和区块链 过去、现在和未来

一笔数十亿美元的款到公司的南美部门都不会出现"双花"的问题。流散国外的人每年支付约380亿美元的费用把钱汇到他们的家乡[22]。区块链正在迅速成为汇款的一种手段,很快也会成为转移所有像货币、股票、债券和契证等有价值的东西的手段,无论是大还是小的批量转移,无论是近距离和远距离的转移,以及无论是转移给已知和未知的交易对手。

4)储蓄。金融机构一直是人、机构和政府的价值存储库。对于普通家庭来说,保险箱、储蓄账户或支票账户运作良好。对于大型机构而言,所谓的无风险投资,如货币市场基金或国库券,提供了流动性,其现金等价物的回报很小。通过区块链,个人不需要依靠银行来获得储蓄和支票账户,而且机构将拥有更有效的机制来购买和持有无风险的金融资产。

5)贷款。金融机构通过信用卡、抵押贷款、公司债券、市政债券、政府债券和资产支持证券来促进债务的发行。借贷功能催生了许多辅助业务,这些业务执行信用检查、个人信用评分和机构信用评级——从投资级到垃圾级。通过区块链上的智能合约,任何人都可以直接发行、交易和结算传统债务的金融工具,从而通过提高速度和透明度来减少摩擦和风险。

6)交易所。在全球范围内,市场促进了数万亿美元金融资产的日常交易,这种交易——投机、套期保值和套利——包括清算和结算的交易后生命周期。区块链可以把所有交易的结算时间从几周、几天缩短到几分钟和几秒钟。

7）管理风险。风险管理和保险可以保护个人和公司免受疾病、损失或灾难的影响。此功能产生了相当不透明的衍生产品，旨在对冲不可预测或不可控制的事件。正如我们在抵押贷款市场危机中看到的信用违约掉期、不透明或其他不受管制的衍生品的风险可能是毁灭性的。当我们写这本书时，所有未售的场外交易衍生品的名义价值是 600 万亿美元。区块链支持去中心化和透明的模型，以减轻风险和不确定性。

8）会计。会计师衡量、处理和传播有关经济实体的财务信息——这是一个由德勤、普华永道、安永和毕马威会计师事务所控制的数十亿美元的产业。传统的会计实践无法在现代金融的速度和复杂性中存活下来。区块链的分布式账本将使审计和财务报告变得透明和直接。区块链还将提高监管机构审查公司内部金融交易的能力。

9）保值。"人类曾经使用过的所有货币都有不是这种就是那种的不安全地方，"Nick Szabo 写道，"这种不安全性已经以各种各样的方式表现出来了……其中最有害的可能就是通货膨胀"。[23] 中本聪将货币政策加入到软件中，将比特币供应限制在 2100 万枚以下，以防止任意通货膨胀。在这种情况下，恶性通货膨胀或货币贬值很难发生。

那么这是金融服务的丧钟还是重新唤醒的警钟？我们认为是后者。如果银行能够从内部颠覆，它们就能茁壮成长。这意味着银行需要雇佣更多能够编写智能合约、审计代码，支持企业及家庭和事物的金融业务需求的专业人员，并在银行能为客户增加价

电子交易和区块链 过去、现在和未来

值时收取客户的费用。

交易成本和业务模式

在数字时代的第一个时期,大型企业在自己的大型系统上整合——创建、处理、拥有或获取——应用程序。集中式公司已经形成了集中计算架构,这些架构集中了技术和经济实力。通过单点控制,公司本身很容易遭受灾难性的崩溃、欺诈和安全漏洞。公司内部的系统仍然难以彼此沟通,更不用说与公司外部的人沟通了。

区块链可以解决这些弱点。"虽然大多数技术倾向于自动化外围工人做的琐事,但区块链会使一般由中心做的工作能自动化,"以太坊的 Buterin 说,"区块链不会让出租车司机失业,而是让优步失业,让出租车司机直接与客户合作。"[24]

自从我于 1994 年出版《数字经济》一书以来,我认为诺贝尔经济学奖得主 Ronald H. Coase 的理论可以帮助我们理解技术对公司本质的影响。在他 1937 年的经典著作《公司的本质》中,Coase 指出市场定价由三种类型的成本组成:搜索成本(找到所需信息);签订合同(谈判和执行协议条款);组织人员和活动。哈佛大学商学院的 Michael C. Jensen 和罗切斯特大学的 William H. Meckling 在 1976 年的一篇文章中增加了第四个成本:代理成本(根据业主的利益向管理者支付工资)。科斯预计企业将在内部扩张,直到在组织内部执行交易的成本超过使用市场的成本。

当时我设想互联网会降低内部交易成本,使公司边界变得更

区块链猜想

加被穿透，组织会寻求超出其边界的人才。事实证明，成本下降远远超出我们的预期，这反过来降低了创业公司和寻求扩展到邻近地区的老牌企业的准入门槛。可以肯定的是，互联网降低了搜索成本，并且电子邮件、社交媒体和数据处理应用程序（例如，企业资源规划和云计算）降低了协调成本。更广泛地说，这些新功能使企业能够将管理费用外包，众包创新，消除中层管理人员和其他中介机构，从而解放会计、商业银行甚至音乐等行业，以整合资产和运营。

然而，与我的预期相反，公司没有受到威胁。相反，大型企业变得比以往更大、更强。对于许多公司来说，垂直整合仍然效果最好。

根据哥伦比亚大学另一位获得诺贝尔奖的经济学家Joseph Stiglitz的说法，即使交易成本急剧下降，公司的规模和复杂程度也会增加代理成本（他认为这会导致首席执行官和一线员工之间巨大的薪酬差距）。Stiglitz的术语"管理资本主义"描述了这一现实。

我们认为区块链将从根本上改变企业的组织和管理方式。它允许公司消除交易成本并在使用外部资源方面就像使用内部资源一样容易。在某些情况下，行业的垂直整合可能会继续有意义（例如，对制造受监管药品的公司或在整个供应链中具有行业领先优势的公司来说）。但在大多数情况下，基于区块链的网络将更适合创建产品和服务，并为利益相关者提供价值。

电子交易和区块链 过去、现在和未来

在我们的分析中，我们发现至少有7种新的商业模式可以比现有的企业形式更好地创新并以更低的成本创造更大的价值。

1）**同行生产者**。成千上万的分散志愿者为我们带来了开源软件和维基百科。通过启用声誉系统和其他激励措施，区块链技术可以提高效率并奖励他们创造的价值。正如IBM公司接受Linux一样，企业也可以利用自组织网络来实现同行的价值。

2）**权益创造者**。许多音乐家、摄影师、艺术家、设计师、科学家、建筑师、工程师和作者都没有在互联网上获得适当的知识产权补偿。区块链技术解决了IP世界相当于双花问题——盗版——比现有的数字版权管理系统更好，并去除了创造者和消费者之间的多个中介。考虑艺术品的数字注册，包括真实性、条件和所有权证书：艺术家可以决定他们是否、何时以及在何处行使其权利。

3）**资源合作社**。同行可以组建和控制自治协会以满足共同需求。借助区块链技术，他们可以将合作意愿转化为对权益、资产、技能和工作产品的可靠计量，从而取代Uber、Airbnb和TaskRabbit等平台。

4）**使用量计量**。有了区块链，我们可以出租一些我们用不完的某些东西的容量给别人——例如Wi-Fi热点、计算能力或存储、额外的移动流量，甚至我们的人才和专业知识。这是通过在区块链上计量交易对手的使用量和发布微账单来实现。我们的订阅、物理空间和能源现在可以成为收入来源。

5）**平台建设者**。企业在向外界开放产品和技术基础设施时创建平台。区块链技术使平台构建更便宜、易于管理和可扩展。它提供了一个通用的数据库和通用合约，可以降低合作成本，提高数据透明性和可移植性。用户可以追求最佳条款和最佳人才来创建自己的平台，而不是同意传统公司的使用条款。

6）**制造者运动**。区块链技术不仅可以自动协调机器，还可以自动跟踪输入和输出，进行产品的溯源。我们可以监测从牛出生到变成汉堡包的牛肉的各个环节；区块链的溯源技术能保证我们购买到真正人道饲养的动物，这些动物被饲喂优质食材，并在卫生条件下屠宰。

7）**企业协作者**。如今，Salesforce Chatter 或 Microsoft SharePoint 等商业协作工具正在改变知识工作会员域。用户通常无法将他们的想法从一个部门移植到另一个部门，更不用说从一个工作到另一个工作，但协作工具平台的供应商和企业 IT 部门可以窃听用户的所有协作过程。为吸引人才，公司需要尊重员工的安全和隐私。区块链使个人能够决定如何、在何处和为商业项目做出什么贡献以及与谁合作。

聪明的公司将充分参与区块链经济，而不是扮演受害者。总体而言，开放式网络化企业显示出极大的，甚至是激进的潜力，可以增强创新并利用非凡的能力。

物联网交易

很快，大多数交易将在事物而不是人之间进行。利用新兴的

电子交易和区块链 过去、现在和未来

软件和技术,我们可以通过添加智能设备(传感器、摄像头、麦克风、全球定位芯片、陀螺仪)使现有基础设施具有智能,这些设备可以相互通信,根据带宽、存储或其他容量的可用性进行自我重新配置以抵制中断。

区块链是至关重要的。这种"物联网"依赖于"物账本"来跟踪每个节点,确保其安全性和可靠性,记录其生产和消费,安排和支付维护或更换费用,并运行物品的智能合约——保修、出处、注册、保险、检验认证,甚至是为满足汽车排放等监管标准而编写的操作软件。那些合约可以控制设备的运作。如果机器或重型设备未通过安全检查或其责任险已过期,则机器将无法起动。几乎每个部门都有潜在的应用。

1)**运输**。无论我们需要去哪里,自动驾驶汽车都能让我们安全到达。自动驾驶汽车将采取最快的路线,避免建筑物、处理通行费;与道路上的其他车辆协商通过率、与交通信号灯通信、安排它们自己的安全检查、更新它们自己的汽车注册、支付燃料和维护费用,并优化停车位和费用。

2)**公共基础设施**。智能设备将监控道路、铁路线,电力和管道,桥梁,水坝,空中和海港以及其他公共和私人基础设施的完整性和安全性,以便快速、经济地检测问题并启动响应。

3)**能源、废物和水管理**。传统实用程序可以使用支持区块链的设备来跟踪生产、分发、消费和收集。没有旧基础设施的新进入者正在创造诸如邻域能源微电网等市场。

4）**资源开采和耕作**。该技术可以进行无限的数据分析，以提高工作人员的效率，最大限度地利用土地、水、种子和高度专业化的设备，并使监管机构能够监控工作条件和安全。

5）**环境监测**。设备将获取收集空气、土壤和水质数据的信息，包括气象和地质事件，为人们提供有关自然和人为灾害的预警，从污染到森林火灾。

6）**医疗保健**。支持区块链的医院可以连接管理医疗记录、库存、设备和药品的设备，以监控和管理疾病并改善质量控制。智能药物可以在临床试验中被追踪，并提供无法篡改的效果证据。

7）**保险**。保险公司可以使用智能标签跟踪有形资产的索赔——就像航空交通管理无价之宝、古董、珠宝、博物馆的藏品、任何苏富比处理过的东西，以及劳埃德保险公司保过的任何物品。

8）**智能建筑和房地产管理**。数字传感器通过实施实时发现、使用和支付，可以为空置的商业或家庭资产创建市场。在晚上，会议室可以作为邻里青年的教室。众多产品和服务已经允许虚拟哨兵或监控摄像头之外的自动和远程家庭监控，以控制温度、照明以及补充食物、供应、能源和介质。现在每个房间及其设备都可以在区块链上维护和使用自己的账户。

9）**工业运营**。工厂经理将使用智能设备并提供软件服务，以监控客户需求、生产线、仓库库存、分销、质量、维护和性能数据。

10）零售。当购物者走进商店或驾车来接受免下车购物服务时，在购物者允许的情况下，零售商将能够根据购物者上传的任何个人数据以及与他们的移动设备或其他地理标记设备相关联的内容来提供个性化的产品和服务。

随着物理世界变得生机勃勃，这种物联网将需要一个物的账本来处理数万亿的日常交易。内容永远不会是一成不变的。

两个案例研究：交易能源和碳

能源交易

远距离集中发电和配电的化石燃料模型具有固有的弱点。一个很好的例子：在2003年大停电期间，加拿大东南部和美国东北部的5000万人有两天时间失去电力。巨大的电力故障耗资100亿美元也使11人失去生命。起初，纽约人害怕恐怖主义，因为集中的发电厂，特别是核电厂是完美的目标。这一切都始于俄亥俄州，高压线路在8月的高温下软化，下垂到树上，然后断路，迫使其他线路承受更大的负担。该事故应该触发警报，但事实并非如此。较旧的发电厂不得不离线进行维护。更多的电线开始下垂到树木，引发了一连串的停工。

美国-加拿大电力系统停电特别工作组报告说，人为错误和设备故障导致停电。关键的教训是令人震惊的：北美电力可靠性委员会应该强制制定其电网可靠性标准，而非自愿性标准。很难相信电网可靠性是可选的。在未来 10 年内，公用事业公司每年平均花费 21 500 美元——比他们现在花费的钱多 3 倍——用于每英里输电线路所需的新设备。他们还将架空线维护的年度支出从 3% 增加了 8% 以上。凭借 45 亿美元的联邦刺激资金，他们增加了数百个先进的传感器和数百万的智能电表来监控电网[26]。今天，电网更加强大。尽管如此，在高压输电期间散发出的热能以及维护和保护输配电基础设施的费用可以占住宅用户总成本的 35%。专家现在将集中式和分布式大型和本地规模化可再生能源混合为一种更加强大和有效的解决方案。

LO3 Energy 与上述 ConsenSys 合作，实施了多个试点项目，涉及社区或社区内的可再生能源的点对点交换。位于纽约布鲁克林的交互式电网项目有效地展示了区块链如何使参与者能够通过安全的对等网络购买和出售其能源。一个街区的住宅配备了小型太阳电池阵列、风力发电机、电池装置，都装有智能电表，因此社区可以根据时间使用费管理总体成本。该项目以社区规模运作；然而，随着越来越多的家庭加入微电网，我们可以推断投资回报。

ConsenSys 目前正在开发一种区块链，以在更广泛甚至全球范围内交易能源代币。电网加（Grid + Project）这个项目正在利用能源产业放松管制和人们对可再生能源日益增长的兴趣所带来的机会。在诸如加州和纽约州等放松管制的电力市场中，政府要求市场细分，使得没有一家公司可能拥有供应链的多个部分，例如发电、输电、配电和零售。每家公司都必须在竞争激烈的市场中

电子交易和区块链 过去、现在和未来

销售其服务,通常由非营利性独立系统运营商(ISO)运营。ISO还必须利用监控和数据采集系统通过市场信号平衡电网。该模型中的零售商以批发价格从分销商处购买电力,并向最终用电用户收取比较高的零售价,以涵盖计量、管理、营销和财务风险管理。在他们附近交易能源代币的房主可以通过安装智能电表来测量他们为电网贡献的能量,从而摆脱这种高成本的零售分销。他们可以在低价格的使用期限内存储多余的能源,并在高价时段使用。他们还可以通过网络中的其他参与者购买和出售能源,而无需向第三方支付费用。区块链与能源互联网相结合,使这个能源交易网络能够实现安全、透明和高效的交易。

碳交易

区块链可能是大规模改变人类行为的关键,激励世界各地的人们将碳减排纳入日常活动。让我解释:

人类活动,如燃烧化石燃料、清理土地和进行农耕,都会增加大气中二氧化碳(CO_2)和其他温室气体的含量。结果,自1880年以来,地球的平均表面温度增加了$0.95°C$($+1.71°F$)。此外,美国国家环境健康科学研究所预测全球平均温度可能会上升1.4~$5.8°C$($+2.52°F$ 和 $10.44°F$)。[28] 这一全球变暖可能导致极端热浪、海平面上升、洪水和干旱、强烈的飓风、空气质量下降以及疟疾等饥荒和疾病的增加[29]。气候变化是一个存在的威胁,不仅对人类而且对大约 700 种其他物种构成威胁[30]。

我记得在达沃斯与比尔·克林顿参加的一次小型会议上,他发

区块链猜想

表声明说,如果到 2050 年全球范围内我们能够减少 80% 的碳排放量,那么地球将需要 1000 年才能降温。与此同时,他说,可能会有很多不好的事情发生。就像 10 亿人在未来 10 年失去大部分供水一样。当我离开会议室时,我对可能造成的死亡、难民移民、战争以及日益增加的发展落后国家的恐怖主义等人类悲剧感到头痛。

显然,对于任何相信科学的人来说,气候变化可以说是世界上最艰巨的挑战。事实上,现在每个科学家都认为辩论结束了。不断上升的平均地表温度加上迅速扩大的沙漠,融化的北极海冰和海洋酸化现在提供了明确的证据,表明人类活动正在从根本上改变地球的气候[31]。事实上,这个星球的变化似乎比悲观主义者预期的更快。

对于许多人来说,这些后果似乎很遥远,而且最糟糕的是后代将承担这些后果。鉴于主导我们的政治制度、经济、资本市场以及作为个人的日常决策的短期主义,人们很容易对人类会突然被代际公平所鼓舞的观念不屑一顾——代际公平指的是为避免全球生态破坏所需进行的深刻和艰难的调整。

2016 年 1 月,加拿大安大略省政府加入了西部气候倡议组织(WCI),这是一项北美限额与交易计划,成员来自加州、英属哥伦比亚省和魁北克省。限额与交易计划对受管制的排放者可以集体生产的温室气体(GHG)数量设定最大限额或上限,并允许这些受监管的排放者相互交换温室气体排放量,以便总体上符合上限。每年,WCI 成员降低其上限,激励温室气体污染者减少排放。

电子交易和区块链 过去、现在和未来

根据 WCI，安大略省环境与气候变化部（MOECC）每年开展四次排放配额拍卖，期间拍卖参与者对具有年份（即可以使用此类配额的年份）的温室气体配额在今年和未来三年进行投标。2017年3月和6月，MOECC 举行了前两次温室气体补贴拍卖，并筹集了近10亿美元用于投资碳减排计划。

与此同时，WCI 要求排放超过 10 000 吨温室气体的企业和组织不仅追踪和报告其碳污染排放，而且还要求他们努力减少对化石燃料的依赖。这些大型排放者中的许多已经在受监管的上限行业之外启动了自愿减碳项目，并产生了经核证的减排量（即抵消额）。在自愿市场中，个人、公司或政府可以购买碳抵消以减轻其自身的温室气体排放。2016年，这些缔约方在全球自愿市场上购买了约2.78亿美元的碳补偿，相当于减少了约8410万吨二氧化碳排放量[32]。根据联合国清洁发展机制（CDM），减排项目可以获得经核证的减排信用额度[33]。根据安大略省政府最新版本的"合规抵消信用监管提案"，个人和公司将有资格购买或代理 CDM 补偿，成为"抵消计划赞助商"。根据该提案，安大略省政府打算允许缔约方为减少或消除温室气体并满足抵消协议要求的举措申请抵消额度。2017年6月，MOEEC 与魁北克省合作，与气候行动储备金签订了一份合同，以适应13个现有的抵消协议（来自现有的受监管和自愿抵消市场），用于限额与交易计划。

第一个针对排放气体填埋的协议于2017年秋季推出。其余的协议于2017年底或2018年初推出，远在第一个合规遵丛截止期限2021年11月1日之前[34]。允许主要排放者将这些创建的碳抵

消应用于其分配的最多的 8%。其他地区正在根据巴黎协议采用此类限额与交易计划，例如，区域温室气体计划倡议公司（RGGI），这是为康涅狄格州、特拉华州、缅因州、马里兰州、马萨诸塞州、新罕布什尔州、纽约州、罗得岛州和佛蒙特州建立的一个交易所和排放交易计划。

改变排放者的行为至关重要，但为了实现比尔·克林顿在达沃斯告诉我们的那些目标，改变每个人的行为也很重要。

随着主要排放国重新设计其能源工厂并实施可再生和可持续的实践，气候变化的总体挑战是让每个人都尽自己的一份力。在《区块链革命：比特币底层技术如何改变货币、商业和世界》一书中，我们假定了如何使用区块链建立个人碳交易系统。一天晚上在家庭感恩节晚餐，亚历克斯、我和我的兄弟比尔决定我们不再谈论它而只是去践行。

因此，我们成立了 CarbonX 个人碳交易公司。新公司正在与政府和行业合作，将个人和机构可以在以太坊区块链上交易的碳抵消单位标记化[35]。CarbonX 将吸引数百万人和潜在的数十亿人通过参与实质性回报碳责任行为来抵抗气候变化。该公司正在投资符合要求的碳减排项目，重新生成作为代币的补偿，并通过开环式忠诚奖励计划进行分发。零售商和消费者品牌可以向其客户奖励 CarbonX 币，消费者可以将其换成商品，或换成其他奖励代币、其他数字货币或支付碳税。随着时间的推移，人们和组织将有资格通过实施 CarbonX 赞助的可持续行为来生成代币。

电子交易和区块链 过去、现在和未来

    碳减排需要进入全球时代精神,而不是从"本位"出发。在不久的将来,物联网和物账本将结合起来,提供一个真正智能的家庭,个人在日常生活与能源和碳的互动有形且可见。从中央供暖和冷却系统到电动牙刷等家庭中的每个电器都将发出其能量使用数据并与所有其他电器相互作用以产生家庭能量使用模型。家用太阳电池板或涡轮机产生的能量将在自愿的个人上限下协调和平衡消费。每分钟的性能将在类似 fit-bit 手表的配件上可见,优化将作为选择菜单提供。在我 1997 年出版的《培养数字成长》(Growing up Digital)一书中,我设想有一天洗碗机会对着冰箱说话,现在我们知道他们会说些什么,"嘿,洗碗机——我自己的碳限额交易监控表明我买得起,在完全清洗和 30 分钟干燥循环所需要的电。"或者"嘿,房子,让我们在下雨天节省电,并将能源/碳减少 20%。"与电网加(Grid +)项目类似的节能基础设施相结合,一个人可以分享剩余的能量或碳代币给世界各地的朋友和家人。

    只有当碳的价格影响我们钱包里钱的多少时,大幅减少碳排放这个梦想才会实现。由于北美的平均个人碳足迹估计为 20 吨/年,我们需要碳价格在 120 美元才能减少 20% 的碳排放。

    在碳测量和跟踪的情况下,分布式账本需要分布式治理。关于碳测量和跟踪标准的国际协议对于建立强大的碳信用额和交易场所至关重要。供应链和整个工业生产中的区块链平台将成为气候行动和科学的支柱。需要一个创新的协作治理系统来支持为绿色电力、低碳燃料、碳信用额以及投资者、企业和社区利益相关者所需的一系列可持续性指标/资产而建立的区块链平台网络。

区块链猜想

2016 年 12 月，AiraLab 和在俄罗斯的微软公司通过执行价值 120 000 美元的碳信用额交易[36]，对其基于以太坊的碳交易平台"Azure 区块链即服务"进行了测试。在 2017 年 3 月，Energy-Blockchain 实验室和 IBM 公司启动了碳信用管理基于 Hyperledger Fabric 1.0 代码的平台[37]，可以创建强大且可认证的碳信用额，并通过智能合约管理跟踪和审计。我们可以期待看到组织之间的碳交易，甚至可能是"污染物联网"迅速转向区块链。

个人碳交易并不是一个新的想法，只是一个时机已到的想法。事实上，可追溯到 10 多年前，芝加哥气候交易所（CCX）通过在印度喀拉拉邦采用碳抵消来赋能民众并减轻农村贫困，为碳排放等计划铺平了概念之路。CCX 已经在其减排和交易计划中运行了一个强大的、基于规则和标准化的碳抵消模块。CCX 实施了一项创新项目，以帮助消除由露天烹饪泥炉中木柴燃烧造成的污染。除了空气污染（对健康有明显的负面影响）外，幼儿不得不到附近地区为烹饪炉收集木柴，使得他们不能上学。

当地环保组织 Andhyodaya 已经引进沼气锅来代替烹饪炉。在这种情况下，牛粪将取代木柴作为燃料来源。Andhyodaya 的代表联系了 CCX，并想知道碳信用额的出售是否有助于创造收入以改善和扩大该计划。

根据 CCX 标准化规则，甲烷捕获可以产生信用。Andhyodaya 修复并更换了有缺陷的沼气池并训练村民计算捕获的甲烷。结果经过第三方验证，因此可以在 CCX 注册表中注册并在 CCX 电子

电子交易和区块链 过去、现在和未来

交易平台上出售。

CCX / Andhyodaya 沼气计划始于喀拉拉邦 12 个地区的 15 000 名农村参与者,到第一阶段结束时,已转了大约 120 万美元给参与者,作为他们的总收入。第二阶段将该计划扩展到印度北部的卡纳塔克邦、安得拉邦和旁遮普邦,最终覆盖了超过 100 000 个农村家庭,取代了近 500 000 吨二氧化碳当量,每年转移 200 万美元。该计划还利用出售碳信用额的资金让所有沼气厂投保。

该计划的一个创新特点是喀拉拉邦联邦银行制定了一项计划,在村民提供甲烷减少证据时,按需向村民支付现金。然后,碳信用额成为事实上的货币。村民们无缝收到现金,交易成本很低或没有。这增强了他们对该计划的信心,也增强了他们保持沼气炉良好状态的愿望,同时增强了扩展该计划的能力。

即使没有区块链,CCX 喀拉拉邦项目也产生了巨大的影响。如今,像这样的创新举措可以在全国范围内扩展,并通过区块链进行全面扩张。由于这个新的平台可以点对点的交易和管理碳抵消等资产,因此动员数十亿人来应对气候变化并不是不可想象的。在世界大战期间,地球上的人类已被动员起来,但当时人们选择不同的阵营。今天,如果我们要扭转全球变暖的潮流,我们需要所有人行动起来,不仅仅是政府和企业,还有父母、上班族、度假者、员工、学校里的孩子、消费者——每个人——来自各行各业。CarbonX 可能是关键。想想 CCX 喀拉拉邦在全球范围内的表现,你可能会希望我们孩子继承的这个世界实际上可能是一个可持续的世界。

区块链猜想

人人共享繁荣，悖论不复存在？

也许最大的机会是让我们摆脱繁荣悖论的困境的束缚。繁荣悖论说的是经济正在增长，但受益的人却越来越少。我们可以不仅仅通过再分配来解决日益加剧的社会不平等问题，而是在最初阶段改变财富和机会的预分配方式，让没有出生证明、家庭住址或任何除了其才能之外没有任何资产的人，以及那些不用牺牲个人数据的人可以开始参与全球经济。

"我们需要让身份成为一个有利可图的命题，"Hernando de Soto 说[38]，区块链技术就是这样做的。通过最原始的互联网连接设备，人们可以建立区块链地址，提供服务或数据，并开始在区块链上积累声誉和社会资本。通过 CarbonX 这样的平台，他们甚至可以通过环保的方式获得代币。这种技术精灵已经从瓶子中释放出来，现在如果我们有志向的话，我们可以再一次毕其功于一役，攻克造成繁荣悖论困境的传统堡垒——这是为了更好的人类未来而转型现有的经济的驱动引擎以及改革人类事务的旧秩序。

参考文献

1. The Economist. "The Trust Machine." https://www.economist.com/news/leaders/21677198-technology-behind-bitcoin-could-transform-how-economy-works-trust-machine.

2. Satoshi Nakamoto, "Bitcoin: A Peer-to-Peer Electronic Cash System." www.bitcoin.org, 1 November 2008. www.bitcoin.org/bitcoin.pdf, accessed 20 June 2017.
3. Satoshi Nakamoto, "Bitcoin: A Peer-to-Peer Electronic Cash System." www.bitcoin.org, 1 November 2008. www.bitcoin.org/bitcoin.pdf, accessed 20 June 2017.
4. Interview with Paul Brody, 7 July 2015. Updated via email from Brody, 16 June 2017.
5. CoinMarketCap, https://coinmarketcap.com/currencies/, accessed 21 July 2017.
6. Interview with Joseph Lubin, 3 May 2017. Edited by Lubin via email, 16 June 2017.
7. CoinMarketCap. https://coinmarketcap.com/currencies/views/all/, accessed 21 July 2017.
8. Vitalik Buterin, "Proof of Stake: How I Learned to Love Weak Subjectivity," Ethereum blog. 25 November 2014. https://blog.ethereum.org/2014/11/25/proof-stake-learned-love-weak-subjectivity/, accessed 20 June 2017.
9. Interview with Brian Behlendorf, 2 May 2017.
10. Nick Szabo, "Smart Contracts: Formalizing and Securing Relationships on Public Networks," *First Monday* 2.9 (1997): n. pag. w*ww.firstmonday.dk*, University of Illinois at Chicago, 1 September 1997. http://www.firstmonday.dk/ojs/index.php/fm/article/view/548/469, accessed 21 July 2017.
11. Interview with Vitalik Buterin, 9 April 2017.
12. Alex Sunnarborg, "ICO Investments Pass VC Funding in Blockchain Market First." Coindesk LLC. 9 June 2017. http://www.coindesk.com/ico-investments-pass-vc-funding-in-blockchain-market-first/; Stan Higgins, Alex Sunnarborg, and Pete Rizzo, "$150 Million: Tim Draper-Backed Bancor Completes Largest-Ever ICO," Coindesk LLC, 12 June 2017. http://www.coindesk.com/150-million-tim-draper-backed-bancor-completes-largest-ever-ico/, both accessed 14 June 2017.
13. CoinMarketCap, http://coinmarketcap.com/assets/views/all/, accessed 14 June 2017.
14. CoinMarketCap, http://coinmarketcap.com/all/views/all/, accessed 21 July 2017.
15. AAPL, https://ycharts.com/companies/AAPL/market_cap of $782.7, accessed 21 July 2017.
16. CryptoCompare. "The DAO, The Hack, The Soft Fork and The Hard Fork." 20 April 2017. https://www.cryptocompare.com/coins/guides/the-dao-the-hack-the-soft-fork-and-the-hard-fork/, accessed 17 May 2017.
17. Interview with Joseph Lubin, 3 May 2017. Edited by Lubin via email, 16 June 2017.
18. Interview with Benjamin Roberts, 20 June 2017. "The Token Economy: An Interview with Benjamin Roberts," Blockchain Revolution, 26 June 2017. http://blockchain-revolution.com/2017/06/26/the-token-economy/, accessed

21 July 2017.
19. 99 Bitcoins, https://99bitcoins.com/satoshi-usd-converter/, accessed 21 July 2017.
20. Interview with Benjamin Roberts, 20 June 2017. "The Token Economy: An Interview with Benjamin Roberts," *Blockchain Revolution*, 26 June 2017. http://blockchain-revolution.com/2017/06/26/the-token-economy/, accessed 21 July 2017.
21. Jospeh Stiglitz, "Lessons from the Global Financial Crisis," revised version of a lecture presented at Seoul National University, 27 October 2009.
22. The remittance market is $500 billion; average fees of 7.7 percent translates to $38.5 billion in fees.
23. Nick Szabo, "Bit Gold." Blog. 27 December 2008. http://unenumerated.blogspot.com/2005/12/bit-gold.html.
24. Interview with Vitalik Buterin, 30 September 2015.
25. JR Minkel, "The 2003 Northeast Blackout — Five Years Later." *Scientific American*. Springer Nature, 13 August 2008. https://www.scientificamerican.com/article/2003-blackout-five-years-later/, accessed 22 July 2017.
26. Bryan Walsh, "10 Years after the Great Blackout, the Grid Is Stronger — but Vulnerable to Extreme Weather," *Time*, www.time.com, 13 August 2013. http://science.time.com/2013/08/13/ten-years-after-the-great-blackout-the-grid-is-stronger-but-vulnerable-to-extreme-weather/, accessed 22 July 2017.
27. Sanchez-Lugo, "State of the Climate: Global Climate Report for Annual 2016," National Oceanic and Atmospheric Administration National Centers for Environmental Information, January 2017. https://www.ncdc.noaa.gov/sotc/global/201613, accessed 22 July 2017.
28. AJ McMichael, RE Woodruff RE, and S Hales, "Climate Change and Human Health: Present and Future Risks," *Lancet*, 11 March 2006; 367(9513): 859–869.
29. S Nabi and S Qader, "Is Global Warming Likely to Cause an Increased Incidence of Malaria?" *The Libyan Journal of Medicine*, 2009; 4(1): 18–22. DOI:10.4176/090105, accessed 22 July 2017.
30. Ian Johnston, "More than 700 Species Facing Extinction Are Being Hit by Climate Change," *The Independent*. Independent Digital News and Media, 14 February 2017. http://www.independent.co.uk/environment/animal-species-700-extinction-climate-change-global-warming-oceans-pollution-a7579716.html, accessed 22 July 2017.
31. "Synthesis Report, Climate Change — Global Risks, Challenges & Decisions," International Alliance of Research Universities, Copenhagen, 2009.
32. *Raising Ambition: State of the Voluntary Carbon Markets 2016*, Forest Trends Ecosystem Marketplace, 26 May 2016. http://www.forest-trends.org/documents/files/doc_5242.pdf, accessed 22 July 2017.
33. United Nations Clean Development Mechanism. https://cdm.unfccc.int/

about/index.html, accessed 22 July 2017.
34. https://www.ontario.ca/page/cap-and-trade-offset-credits-and-protocols.
35. The author is one of the founders of Carbonx.ca.
36. Roman Korizky, "AiraLab and Microsoft Russia to Start Blockchain Platform for Carbon Credit Trading," *COINFOX*. COINFOX, 9 February 2017. http://www.coinfox.info/news/6812-airalab-and-microsoft-russia-to-start-blockchain-platform-for-carbon-credit-trading, accessed 22 July 2017.
37. IBM, "Energy-Blockchain Labs and IBM Create Carbon Credit Management Platform Using Hyperledger Fabric on the IBM Cloud," *PR Newswire*. PR Newswire Association LLC, 19 March 2017. <http://www.prnewswire.com/news-releases/energy-blockchain-labs-and-ibm-create-carbon-credit-management-platform-using-hyperledger-fabric-on-the-ibm-cloud-300425910.html, accessed 22 July 2017.
38. Interview with Hernando de Soto, 27 November 2015.

译者后记

当笔者翻译到本书的致谢部分，真为本书作者感动。作者作为金融学界和业界的殿堂级人物，仍然时时怀有一颗感恩的心，他整整花了10页纸来感谢对他即使有微小帮助的亲友、同事、相识。相比他来说，我只能感到惭愧，我已经忘掉绝大多数教过我的老师们的名字，包括从小学到中学，以及高等教育学院的老师们。我现在只能竭力回想过去曾经对我英语学习、语文学习，以及以后走上IT生涯有帮助的前辈、师友和同事们，并向他们鸣谢。

首先要感谢的是我的中学英语老师戴玉娘女士。戴老师是一位印尼归侨，她对待英语教学的认真态度至今给我留下深刻印象。印象中的戴老师来上课时总是带着一个收录机，她有一手令人叹为观止的倒带绝活，每次倒带都非常精确，大部分时候都能一次找到播放的位置，就好像硬盘的磁盘臂找道那么精确。小的时候不懂事，现在回想起来，她之所以能这么熟练倒带，一定是在家里备课时练习了不知多久。译者当时读初中的时候，国内还没有出国留学这码事，个别同学对英语不重视，还有些同学读英

电子交易和区块链 过去、现在和未来

语腔调很怪，经常引起哄堂大笑。每当这个时候，戴老师就会气得满脸通红，她平时声音不大，通常要把声音提高一个八度来喝止学生。我大学毕业后，戴老师也调到了广州，记得她还请我和另外一位同学去她家吃饭，相谈甚欢，情景至今难忘。在我出国后，戴老师不幸因病去世，她这么年轻就离开了我们，同学们都非常悲痛。我想，我之所以有扎实的英语基础，与戴老师的认真负责的教育和严格要求是分不开的。戴老师的事迹，也使我悟到，我们生活在这个世界上，总是有很多人对我们提供了无私的帮助，而这种恩德我们往往没有机会回报，成为我们的憾事；再进一步想，人生不是交易。很多时候，在我们尽力相助他人时也不应索求回报，但求心安足矣。

其他需要鸣谢的还有：我小学算术老师路老师（不记得她的名字了），她风趣的讲课使我小时候对数学产生了兴趣。中学的语文老师陈老师（不记得他的名字了）、齐红老师和王昶老师，他们教会我怎么写文章才能既言简意赅又不乏生动形象。还有我中学的数学老师韦兴辉老师，在他的调教下我打下还算扎实的数学基础；班主任卢淑芝老师，她严肃而不失亲切；化学老师凌老师讲课的时候手舞足蹈，眉飞色舞，把同学们的注意力都吸引到神奇的化学世界，间接使得我的化学成绩在所有科目中最好；物理老师成亮英老师耐心地讲解很多同学认为最难理解的物理题，可惜的是她也是过早地离开了我们。作为当时的历史科代表也要感谢历史老师李庆忠老师；还要感谢当时的张文伟校长，他当时是我

译者后记

们的政治课老师,经常在课堂上叫我起来回答问题,当时虽然紧张,但回想起来那对培养我的自信心有很大帮助。

大学的老师和中学老师非常不同。在大学基本上都是上大课,老师下课就匆忙走了。由于时间很长了,几乎都忘了姓名,真是惭愧。去年回母校参加校庆,见到大学的班主任、教我们数字逻辑的张益良老师和教我们脉冲电路的许兴存老师。也要感谢我的大学同学凌卫新教授,她组织了毕业多年后的校庆活动。

遗憾的是,在澳大利亚金融学院上课时的老师们我一个都记不起他们的名字。部分原因是英文名字本身就难记,而且和老师课后都没有互动。印象比较深刻的是教K线技术分析的老师和期货、金融衍生品的老师,他们对作业的批改非常认真。

在麦考瑞商学院读书时我的记性也好不到哪里,没有一个老师的名字能记住。印象比较深刻的有教经济学的老师、教金融投资理论的老师、教战略人力资源的老师以及教会计的印度裔老师,原因是因为这些科目考试都获得了HD的成绩。还有教技术管理的老师,他在讲解技术创新的案例时使我们大大开阔了视野。

在读博士期间,需要重点感谢一位外国老师Memhet Orgun教授。我和他合作写了不下4篇论文,其中有获得最佳论文奖的,也有在重要期刊上发表的。但我和他居然素未谋面,我也不是他的博士生,他只是我博导推荐的论文合作者。我的论文每写完一稿，都会交给他来看。他每次都从头到尾帮我修改，从文法、语句，到技术细节的公式、推导证明都会覆盖。每次拿到他改后的稿子，总是伴随有莫名的感动和惭愧。感动的是作为早已功成名就的教授，他完全可以不用这么上心地为一个不是自己博士生的学生改文章，他自己根本不在乎多发表一篇论文，更不在乎排名的先后，但却比我的博导更全面仔细地帮我改文章，他的敬业精神和帮助后进的态度让我深深感动；惭愧的是我过去常常自诩英文写作还不错，但经他改过之后才知道真正的差距在哪里。

另外，我自然也得感谢我的博导王岩老师，他的严格要求和对毕业条件的严格把关，让我在读博期间发表了 11 篇论文，还获得了麦考瑞大学的"校长奖"。

在工作上，我要鸣谢澳大利亚联邦银行的 Andrew Maiden，他当时是电子交易系统 Global Trader 的项目总负责人，Andrew Stuck、Global Trader 的项目总监；联邦银行交易厅的 Leo、Anne 和 Philip，他们的姓我都记不起来了。还有我的上司 Jennifer、Jennett Cat。

我也要感谢我在澳大利亚 IBM 公司的诸多同事和上司：Neil Ashworth、Tom Yin、Christine Andia、Claudia、Joe Pini、Elithabeth Podolanco、Joanne Westrink、Cliff Yu、Shaun、Seneth 等，在 IBM 公司的 11 年中，我的上司更换了很多，但从来没有一个上司为难过我。

译者后记

我还要特别鸣谢数字资产研究院（CIDA）的朱嘉明院长。他平时工作很忙，出差、讲演、写作不断，但当我向他提出帮我看看译稿并提宝贵意见的时候，他一口应承，给我很中肯的意见和鼓励。朱老师关怀后进的口碑是在学界众所周知的。

其他要鸣谢的包括澳大利亚科学院的陈适平教授，数理空间的张继烨先生、王婉卿女士，前鹏博士的向峥嵘博士，还有冯永强律师，他们对我的翻译工作给予了诸多鼓励。也鸣谢火币 Lab 的杨锦炎博士，香港中文大学客座教授劳维信博士，以及前香港交易所技术总监左涛博士和火币的 CEO 李林先生。

最重要的是我要感谢家人，特别是我的妈妈和兄弟姐妹，我自小喜爱读书的习性完全是由于家庭环境的熏陶。我也要感谢我的妻子 Annie，没有她照顾家庭，我不可能去读博，去写书和翻译书。特别要感谢的是我刚上大学的儿子 Skyler Zou，他是本书的合译者，做了大量的翻译工作。

能出版这本书，自然要感谢机械工业出版社的顾谦编辑和刘星宁编辑，以及机械工业出版社很多我不知道名字的审稿编辑。由于这本书是人机结合翻译的一次尝试，因此初稿中错译、漏译非常多，机械出版社的审稿编辑部一一帮我指出，有的做了细致的更正。能和机械工业出版社合作是的我荣幸，他们非常严谨，效率非常高。

最后，我也要感谢人工智能（AI）技术的发展。这本书的翻

电子交易和区块链 过去、现在和未来

译,是一次人机结合的翻译尝试,除了图表目前没有办法直接输出结果外,其他的文字基本上能保证60%~70%的准确率。这样至少帮我节省了一半的时间。AI技术的飞速发展,不可避免地将由机器取代人类越来越多的工作。虽然现在AI翻译出来的初稿,还需要大量的修改,但不久的将来,人们会越来越惊诧机器的能力。当今社会,科学技术已经成为推动人类进步的重要力量,人类社会正在大踏步向数字经济时代迈进。我们相信,一定能构建人类命运共同体,走向共同协作、共同繁荣的世界。

邹均